U0904171

总 策 划：李建辉 陈灿辉 张跃明
副总策划：陈水潮 刘锦川
主 编：谢文哲
副 主 编：郑植阳 刘青洲 吴兴元
文字撰写：海 帆 谢文哲 罗炎秀
图片统筹：李玉祥
出版统筹：吴兴元
书籍设计：瀚清堂

中国出版集团公司
世界图书出版公司
北京·广州·上海·西安

安溪铁观音

解

公平秤

图片说明：
护封背面图片 林思宏 摄

扉页后图片依次为李玉祥（正文未署名图片均为李玉祥拍摄）、
叶景灿、王绪强、叶景灿、叶景灿 摄

第003页 铁观音茶芽 叶景灿 摄
第004页 晋江源头 王绪强 摄
第007页 映宝楼 李玉祥 摄
第008—009页 清水岩寺 叶景灿 摄
第010页 映宝楼 李玉祥 摄
第013页 “魏说”发源地 李玉祥 摄
第014页 “王说”发源地 李玉祥 摄

李玉祥 摄

目录

关于茶的朝圣之路

观音是什么?

观音是佛教中大慈大悲的菩萨。梵文的意译，亦译作“光世音”、“观自在”。

观音是中国佛教的四大菩萨之一。据称观音可应机以种种化身救众苦难。《法华经》载，遇难众生只要诵念其名号，“菩萨即时观其声音”，前往拯救解脱。观音的道场在舟山群岛中的普陀山。所以，佛教中的“南海观音”，比照现实世界，大抵是在东海一带显现的时候更多一些。

铁观音是什么?

铁观音是一种原产于福建安溪的茶树和用这种茶树叶片制作的茶叶。也许真的有自然与神、有民众与菩萨亲近的瞬间。有如神示，在安溪，漫山遍野的铁观音茶园，茶树叶片如银箔般在阳光下闪烁。细看，每一片叶都留有两个清晰的指痕——那是菩萨亲手点化过的，如果不是观音菩萨的千手，不可能有如此造化。

今天是各种饮料、各种茶叶充斥市场的时代。安溪铁观音是一种清醒、一种神圣、一份悠远——我不指望人人都喝铁观音，人人都喜欢那高雅的清韵，或者悠远的浓香。但没有喝过品过安溪的铁观音茶，没有铁观音相伴，绝对是终生的遗憾。

茶与丝绸、瓷器一样，是中国文化的符号，是中华民族的基因。茶道与丝绸之路一样，是我们流动不息的血脉——如果说，古代泉州是海上丝路的起点，晋江源头的安溪则是茶叶传奇的典藏，也是茶道的起点。中国是茶叶的起源地，茶可以追溯到数千年前，各地好茶名茶林林总总，更不在少数——毕竟，冥冥之中，修得正果需要观音神助——在中国自然和文化的版图上，唯独乌龙茶铁观音脱颖而出，于是，福建的安溪被定格为“茶都”。

无数片帆已经远去。走遍世界，就像“CHINA”的词根永远与中国的瓷器读音有割不断的联系那样，随着茶叶远销海外，各国的茶——无论是英语的“TEA”，法国的“THE”，还是拉丁语中的“THEE”——竟都带上了闽南人“茶”(TAY)的浓浓乡音——不，这是茶的“京腔京韵”。

日高人渴漫思茶。认识铁观音，不用读很多书。只要走进安溪山山水水，在雨雪飘至的冬日，在云雾不开的春季，你会

一

觉得这块土地的厚重，感觉这方乡民的亲近，体味这里植物的丰富与灵性——还有，什么是夺人心魄的茶的灵魂。

夕阳下，层层茶园泛着紫亮的光晕，灼人眼目。山脚下有青色的晚烟升起，屋檐下的穿廊颇有几分庄严。水沸了，铁壶咕噜咕噜地响。提壶冲茶，盖碗上倏忽飘过一团白雾。这时，喝着茶，听人讲安溪铁观音的传说，讲铁观音代代相传、创意迭出的奇妙制作——那是无字的《茶经》与《茶谱》。山色、水色与茶色浑然而澄明，也是心地的调和与宁静。于是，因了对茶的依恋，人心向神明渐渐皈依。

这是完全不同于往昔任何一次的阅读体验。感谢本书的作者，将茶叶的历史、文化与民俗，娓娓道来；把茶叶的制作、技艺与流通，徐徐汇集。茶是一个历久弥新、深思熟虑的命题。茶的海，汪洋滋肆，似乎茫无际涯，不说春风词笔，不说杜陵高手，作者却写尽了关于茶的诉衷情、相思句——通过准确的定位和精湛的解说，不觉间把你引领到了高处。站在铁观音的山峰鸟瞰，一切都尽收眼底——可以识源流，温历史，辨风格，望未来。

认识铁观音，不用读很多书，打开这一本已经足够。铁观音在改变安溪传统经济行为、社会结构的同时，最终也改变了中国乃至世界的经济地理格局。这，就是一棵植物的伟大与传奇。

此书好读耐读，如同沏铁观音茶，冲泡数遍，方能领略人间奇迹、季节变化和生命的轮回。

北方春日，风沙满天，昏黄混沌。此时不可无茶，想着那片遥远的绿色和清丽，梳理着曾经走过的朝圣之路。写下这些文字，是为序。

朱幼棣

2010年春北京风沙弥漫之际

（朱幼棣，著名记者、国务院研究室社会发展司司长、中国环境记协副主席、首届地球奖获得者，曾任新华社教科文编辑室主任、新华社国内部政文采访室主任、山西省委办公厅副主任，有《后望书》、《中国：世纪大灾变》等十几部著作问世。本公司即将推出其关于医疗改革的著作。）

吃茶的经验

我生于台湾，读大学时负笈台北县淡水镇。小镇旧名沪尾，在淡水河入海处。华夷杂居，久成通商口岸，乃北部开发最早之地，因此曾经有一段时期几乎整个北台湾都被称为淡水厅。台北建城以后，政经地位才渐移到北市。待我到那儿求学时，它已风华退敛，又只是一个小镇而已。

镇上依然保存着许多当年荣盛时期的遗迹。港岸海市，傍着山丘。一边是大屯火山带，一边是静坐在淡水河波上的观音山。在山与水之间，小小的市廛，仍是昔日由闽南来此开拓的老人及其子裔们活动的场所。而那里，正对着渔港和观音山，就有一座清水祖师庙。

清水祖师庙，自然是福建安溪清水岩传来的信仰。但这座庙乃是台湾三大清水祖师庙之一，号称“落鼻祖师”。据说若有天灾人祸，神像鼻子就会掉落，向人示警，灵验异常。艋舺的人常指责中法战争时，法军进犯淡水，淡水的人向艋舺借了神像去庇佑，事后却不归还。淡水的人则说神像本来就在淡水，是早年艋舺借了去的。双方争执不下，如今只好轮流奉祀。

庙里常年香火鼎盛，我没事时也喜欢到庙里去逛逛。但更吸引我的，是祖师庙旁另一小庙，叫龙山寺。

我每至祖师庙拜祭完，就转到龙山寺来小坐。这是一间很小的寺庙，只有一个殿，殿前回廊包起一座天井，天井间有个小池子，种满莲花。

只有一位眇目老媪看护着这间小庙。在回廊间，她摆上几张竹椅藤棹，就成了个茶座。在镇上逛累了，我常绕进来，与流连在这儿的游方僧人、流浪汉、老者一同喝茶或避雨。

老媪不甚言语，只替我们煮水沏茶。茶，基本上就是铁观音之类的乌龙茶。我或啜茗、或沉思、或邀友人来此闲聊论辩，无不雅切。这是我大学时代最感惬意的场所，犹如我的私密花园。曾作《龙山寺夜茗听雨》一诗云：

揭来自爱坐茶棚，芦酒花酥病不胜。懒讯寒温湖海意，似闻檐脚睡枯僧。

徘徊听衬冥冥雨，寂寞回添悄悄灯。清茗可能余松火，酽红新剥小池菱。

龙山寺喝茶的况味，大抵如此。

大学毕业后，我萍飘浪走，在许多地方喝过茶，也喝过各种好茶，但清水祖师庙、观音山、龙山寺、铁观音所组成的意象，始终萦回于舌尖心头，挥之不去。

隔了一阵，我有一特殊机缘，替道教会办了一座“中华道教学院”。院址选在木栅指南宫的凌霄宝殿。每周，我都要乘指南客运到指南宫山腰，然后循香客朝山之路拾级而上。一路皆有摊铺卖香、卖纸、卖供品、卖特产。

木栅乃茶区，文山包种茶即产于此处，安溪传来的铁观音最早也试种于此，故茶担最多，令山径一路清香不绝。每次我去教这些道友们画符诵经，都趁机买几斤茶回来细细品尝。有时也与同道诸君到指南宫后山（也就是现今台北著名的观光茶区——猫空）去赏花、观鱼、品茗。坐在山间涧石旁，清风徐来，伴以淡淡茶香，真有南面侯不易之感。

这里的茶，和我早年最熟稔的淡水龙山寺之茶，都是源自安溪的。那么，安溪的茶到底又是什么样的呢？在饮瀹冲沏之顷，我不禁遐想万端。

那时两岸未通，我虽蓄疑已久，却无意求取答案，只把一种不可知的怅惘当做品茗时的情调，兀自享受着而已。

前年有个机会，由厦门去安溪访友。一路走去，越走，竟越觉得像走进了木栅后山。山色、林相、茶圃、烟霭，均是再熟悉不过的了。待到了地头，再喝上一盅铁观音。人情、乡音相伴，更令人有不辨身在安溪抑或在台的错觉。昔年怅惘，一时俱化，代之而起的，是另一番忽忽如梦的体会。

我的饮茶经验微不足道，于茶史茶法茶礼茶贸易之奥妙，所知亦甚有限，但安溪铁观音销行、移栽遍及台湾、东南亚各处，以其滋味启沃人之生命与心灵，像我这样的例证何止千万？我们只要端起茶，就自然会想到安溪，会闻到铁观音的香气，少年的岁月、人事的缅念，参错于其中，不须说禅，不必讲道，人生便已有了悟啦！

安溪的朋友编的这本书，把有关安溪铁观音的历史与知识都讲完了，我没什么可以补充的。倒是这一点吃茶的经验，不妨说说，或许也是茶友闲聊时所乐闻的吧！

鹏程

2010年3月于北京

（龚鹏程，北京大学中文系教授，研究领域涉及中国文学、史学、哲学、宗教等，博古通今，著作等身，有天下“第一才子”之美誉，是当代享誉海内外华人世界的知名学者，至今正式出版专著70余种。曾任台湾淡江大学文学院院长，南华大学、佛光大学创校校长，台湾“行政院陆委会”文教处处长等职。）

我的田野地——安溪

将近20年前，我基于完成了一项城市研究，开始了乡村研究，我首选的“田野地”就是安溪。

安溪与汉学人类学有特殊的缘分。

20世纪60年代，西方人类学界出现了一批有心于中国研究的青年才俊。“神秘的中国”是他们最想研究的国度。然而，中国大陆的“田野地”并不向外国人开放，这批人类学家只好前往台湾乡村。那里的被研究者，多数来自“泉州府安溪县大树下”。之后，他们根据“田野之所见”写出了他们的论著，这些论著在汉学人类学中有里程碑的地位，它们使“祖籍安溪的台湾乡民”成为学术界的一个关键意象。

安溪可谓是海外汉学人类学的圣地之一。如果说费孝通先生的江村代表的是“20世纪50年代前”的中国社会人类学，台湾乡村代表的是20世纪60至80年代的西方汉学人类学，那么，也可以说，安溪既是汉学人类学“台湾乡村时代”的一个遗憾，又是这个遗憾终结的希望。

在读了那么多关于“祖籍安溪的台湾人”的西方人类学著作后，我意识到，要使自己的研究奠定在扎实的基础上，就必须改变人类学界“隔岸想象”的局限，采取务实的态度，到安溪去。

1991年至1994年间，我两度在安溪的一个村庄长住，在安溪的那些日子，我选择以一个村庄为个案，围绕地方性社会互助制度及“草根权威”等主题展开研究。乡间的风土人情、祠堂庙宇、节庆祭祀、人物形态，是我主要关注的。在村庄里进行调查研究，免不了要有“礼尚往来”，我的烟与乡民的茶之间的交换，往往是访谈的开端。

在安溪，饮茶习俗有悠久的历史，再“土”的乡民，都实践以茶待客的礼仪。记得我初次进入那个我选定的村子，首先被介绍到一个老农家。老农家客厅里的桌上，摆着一套显然是用了许多年的茶具。他从房间里取出珍藏的茶叶，把其中一小撮放进茶壶，用开水泡上一会儿，之后，把茶汤平分在一组小巧的茶杯里，他拿起其中一杯，双手端着，恭敬地递到我这个客人跟前。我因忙着掏笔记本想做田野笔记，接过那杯茶便顺手把它放在桌上。没想到，老农再次将茶杯端起，说：“喝吧，喝吧，事情过后慢慢再说。”他暗示我，客人没有喝下茶，双方就开始说事儿，这在他看来，是一方失礼的表现。

我当时的研究焦点不在物质文化，没有充分关注茶的生产与消费。但在乡间走动，我意识到，尽管茶不是食粮，但在安溪却有着特殊的身份。我集中研究的那个村子，当时就有一个生产茶叶的农场。人们待客用的茶叶，有的来自这个农场，有的来自安溪各地乡村。人们对于茶叶的知识，如此细致入微，以至于让我这个城里人感到景仰。在我的印象中，安溪茶叶的生产从来没有间断过，即使在那个对于任何品味都横加批判的历史阶段，仍持续地进行着。茶的存在表明，乡民不只是一些沉浸于“日常实践”中的人，待客就是他们除“日常实践”之外的、生活的重要一环。如果说待客的习俗表现的恰是一个地方人民的社会性，那么，我们也可以说，安溪这个地方的社会生活，恰有一大部分是围绕着茶展开的。

序二

我从来没有真正离开过安溪。我住在离安溪数千里之遥的北京，但我的学术工作，总是直接或间接地与安溪有关。我总是要借到闽南的任何机会到安溪“回访”，还鼓励学生到安溪考察研究。即使我没有“回访”安溪，安溪的形象似乎总是挥之不去。近十年来，安溪铁观音在我常常去往的西南诸省流行了起来。十年前我初次去昆明，发现那里的人们也有以茶待客的习俗，但与闽南不同，昆明待客用的茶杯较大；近来，我再去云南，则意外发现，人们不仅喜爱起了安溪铁观音，而且还接受了闽南式的功夫茶具，用它们来泡普洱茶。

几年前我在回家探亲时发现，安溪铁观音的饮用方式正在悄悄发生“革命”。在我的印象中，茶本是闽南人日常饮用和待客的“一般物”，而大概是在过去10年里，闽南的茶文化产生了一个巨变。饮茶与交际仍然保持着其传统的关系，但饮茶越来越“品位化”。茶和茶具等次、水的质量、品评话语等等，均在“往高处走”。人们可以围绕着饮茶而形成圈子，也可以借助饮茶来拓展自己的圈子。“一般物”的“品位化”也带来了茶叶生产的巨大变迁。两三年前我带着学生去安溪考察，我们发现，现在茶园的范围已拓展到任何可以种茶之处，其生产规模，超乎我们的想象。

这些现象让我想了许多。

若以足够广阔的眼界回望中国的茶史，我们即可知晓，我在考察研究时印象中的“一般物”，本有“非常意”。茶圣陆羽在《茶经》中说，茶的等次，“野者上，园者次”，还说，“茶之为用，味至寒，为饮最宜精行俭德之人，若热渴、凝闷、脑疼、目涩、四肢烦、百节不舒，聊四五啜，与醍醐、甘露抗衡也。”意思是说，采集于山野间的茶比用园艺手法种植出来的茶等次高，而茶的品质，与那些有高尚德性之人的品质相通。这些表明，古代的茶，与士大夫所追求的“文野之间”的境界有关。到了民间也都流行饮茶之后，茶开始成为大众化的消费品。而近年来茶走的“品位化”道路，则又预示着茶的意义世界正在恢复其“旧传统”。

安溪是铁观音名茶的原产地，也是一种有传统的茶道的策源地。如今，这里的精英与乡民在生活上都脱离不了茶叶。而在安溪之外，受其茶文化影响的人，对于铁观音也渐渐有了更多的依赖。一个幅员并不算大的县，与一个辽阔的世界，相互之间正产生着一种值得思索的关系，而这一关系的纽带，正是铁观音本身。

王铭铭

2010年4月2日于北京寓所

（王铭铭，福建泉州人，最具国际影响力的中国人类学家、北京大学教授、英国伦敦大学人类学博士、《中国人类学评论》主编，作品宏富，有《溪村家族》、《逝去的繁荣》、《西方作为他者》、《人类学是什么》等十几部著作。）

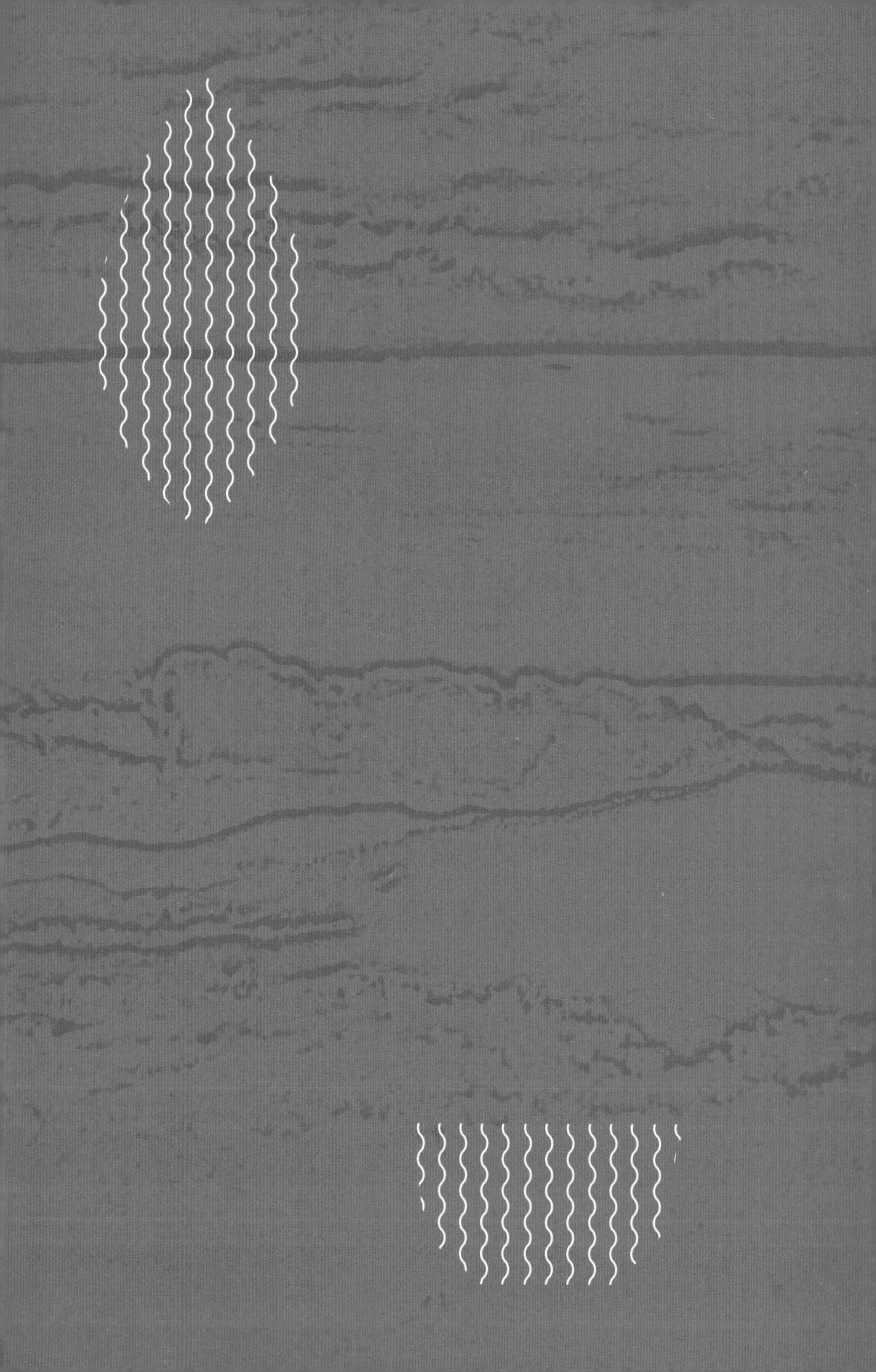

開篇

在中国闽南地区，观音菩萨的美丽女相，一如她于人间的救苦救难、大慈大悲以及送子送福，自古深入人心。闽南人恭维漂亮女子脱口而出的一句话，便是长得像观音。在闽南人眼里，观音的丰神绰约、逸韵高致，均无可比拟。在闽南安溪，民间将山崖石缝间一株天赐神树命名为“铁观音”，如此成就乌龙茶一个珍奇品种，正应合了苏东坡“从来佳茗似佳人”之古意。

乌龙茶于安溪的始创，据说跟打猎有关。很久很久以前，安溪西坪镇尧阳村（即今天的南岩村）有个叫乌龙的猎人，一天他身背茶篓追赶一只獐子，茶叶在背篓中不住地被摇动以致叶缘变红，第二天制作出来的茶叶，散发出幽幽兰花香，这就是乌龙茶的来历。采用这种半发酵工艺制作的茶叶，便以这位猎人的名字命名。当年乌龙猎获獐子的尧阳南岩山，至今仍有祭祀他的打猎将军庙遗址。

安溪于五代后周显德二年（公元955年）置县，名曰清溪。宋宣和二年（公元1120年）方腊于睦州清溪洞起事，安溪民间“恶其名，改曰安溪”，寓“溪水安流”之意。这里是晋江的源头，水流清澈见底，清溪与蓝溪两大溪流在宋儒朱熹曾游历并题名为“仙苑”的地方汇流，经南安流入泉州。巍巍的戴云山绵延而至，与纵横交错的溪流河涧，共同形成奇特无比的微域气候。安溪自古人多地窄，素有“八山一水一分田”之称，宋代县令陈宓称该地“僻远而民贫”，清乾隆年间的《安溪县志》中则有“邑之业农者困矣”的记载。

雾绕云深，林木茂邃，安溪曾经是猛虎出没之地。当地人称虎为山君，言其“作威则毛张爪露，啸则林振风生”。清康熙二年（公元1663年）至康熙十年（公元1671年），安溪死于虎害者多达千余人。穷陬僻壤，天高皇帝远，安溪也曾经是强盗出没之地，土匪扎营之处如宋代的小尖寨、元代的龙居寨、明代的白叶堡、清代的营盘寨及芹案寨，均有遗址可觅。

合族同居以折冲御侮的福建土楼，是中国家族式古堡的经典建筑。位于西坪镇平原村的映宝楼，便是安溪著名土楼之一。映宝楼建于清雍正八年（公元1730年），其外墙敦厚，窗户既高且小，防御功能显而易见。

于是之故，安溪人背井离乡者多，渡海峡移民至台湾者尤甚。1926年日本人普查台湾人口时，发现在375万汉族人中，安溪移民有44万之多。台北三大寺庙之一的三峡清水祖师庙，便是清乾隆三十四年（公元1769年）安溪人为奉祀清水祖师而建，每年正月初六由六姓轮番祭拜，其庙宇雕饰繁复而细腻，被公认为台湾艺术之宫。至今，台湾已有清水祖师庙四百多座。

清水祖师法号普足，俗名陈昭应，为北宋高僧，生前于安溪清水岩礼佛修道，造桥铺路，采药行医，博施济众，其求雨尤为灵验，屡试不爽。普足大师圆寂后，安溪人尊其为祖师公，南宋孝宗、宁宗皇帝历四次敕封其为昭应广惠慈济善利大师。

清水岩位于安溪蓬莱山，其寺庙依山而建，叠楼重阁，外形呈“帝”字。始修于明崇祯六年（公元1633年）的《清水岩志》中记载：“清水峰高，出云吐雾，寺僧植茶，饱山岚之气，沐日月之精，得烟霞之霭，食之能疗百病。”

峰回路转，安溪雨量充沛，气候温和湿润，其红壤虽不宜稻菽，所植茶树却繁茂茁壮。早在一千多年前，安溪首任县令詹敦仁，就有“余香绕齿袭人清”品茗诗句。

茶叶于安溪可谓兰因天缘。中国幅员辽阔，广袤千里万里，由巴蜀而云南，由江浙而闽粤，茶叶产地可谓数不胜数，但唯有安溪于茶叶的依赖最为切实，于茶叶的流变最为巨大，于茶叶的经营最具规模。清康熙年间，西坪镇平原村有一个贫苦的养鸭人叫王省，一天晚间他走山路不慎跌倒，昏迷中梦见一位白发老人劝他放弃养鸭营生。此后王省就做起了茶叶生意，把茶叶卖到广州，成为富商巨贾，修建三层三进七十二间的映宝楼闻名遐迩。

乌龙茶于安溪的始创是茶叶传奇的一个发端，这个引人入胜的传奇故事又因铁观音的出现越发神奇。陆羽在《茶经》中写道："野者上，园者次；阳崖阴林紫者上，绿者次。"据说清雍正年间，安溪西坪镇松岩村松林头有一个种茶人叫魏荫，他在熟睡中梦见观音菩萨现身于屋后山崖，正当登山跪拜之际，他发现石缝中有一株奇异的茶树。次日一早魏荫便上山寻觅，果然看到了梦中所见的那株茶树，它叶肉肥厚，嫩芽紫红，品质绝佳。经包土压条，移茶苗于破旧铁锅中，三年后做成乌龙茶。其汤色橙黄明亮，香气清幽绵长，一位私塾先生将它命名为"铁观音"。

无独有偶，在清乾隆年间，西坪镇的另一个村子南岩村，发现一株奇异茶树的人叫王士让。乾隆六年（公元1741年），王士让赴京师拜谒朝中大臣方苞时以此茶相赠，方苞认定此茶乃绝世珍品，将其献给乾隆皇帝品尝。见该茶叶乌润紧结，沉重似铁，坠入瓷壶中有当当金属声，且味香形美，犹如观音，乾隆赐其名为"铁观音"。

历时二百余年，铁观音之魏氏母树、王氏母树，均受当地种茶人虔诚尊崇。明代以前有“种茶下籽，不可移植”之说，但茶籽育苗多有变异，子树与母树往往相差甚远；1636年，安溪西坪人发明了茶树整株压条育苗技术，使茶苗完全保留其母树的优良特性；1925年，进行革新发明了长穗扦插技术。1936年，又发明了短穗扦插技术，使茶苗移植的成活率成倍提高。早在1904年，安溪乌龙茶产量就高达1200余吨，1990年为7000余吨，2009年为6万余吨。

铁观音是安溪乌龙茶中的佼佼者。1916年，安溪王西配制的“万寿桃”铁观音在台湾督署举办的茶叶评选活动中获得金牌。1945年，安溪王联丹配制的“泰山峰”铁观音在新加坡获金质奖牌。1950年，安溪“王登记”茶庄配制的“碧天峰”铁观音在泰国获特等奖。1982年，安溪铁观音被国家商业部评为全国名茶，从是年起至今，安溪“凤山”牌特级铁观音年年被授予国家金质奖。1985年，安溪铁观音被全国农作物品种审定委员会认定为国家品种。1986年，安溪铁观音在法国巴黎获“国际美食旅游协会金桂奖”，被评为世界十大名茶之一。

第一篇

茶路

世界茶叶家族林林总总，不可胜数，而铁观音是茶中贵族，乌龙茶名品。它广植于安溪各乡各村，蔚为风景，各显其能。观音于佛相的千变万化，或男相或女相，或多头或千手，极尽神奇之能事。而铁观音则因半发酵工艺所造就的不确定性，无限多样，各有个性：有娇柔者，有大派者，有平易近人者，有高不可攀者，可谓千人千面。不同的地域，不同的山头，不同的海拔，不同的气候，以及制茶人不同的经验、悟性，便产生不可重复的香气韵味。

早在清嘉庆年间，安溪西坪镇西源村的林燕愈就北上武夷山，在天心永乐禅寺周围开辟了十八座茶山种植家乡的乌龙茶。到了光绪十九年（公元1896年），安溪大坪乡萍州村的张乃妙将铁观音茶苗带到台湾，种在木栅樟湖地区，为台湾木栅铁观音之起源。诗人林荆南对此赋诗："茶尊木栅铁观音，枞本安溪史迹寻。"

1916年，张乃妙制作的茶叶在台湾获金牌奖，他因此被聘为"巡回茶师"。曾经有两位日本茶人跟随张乃妙两年之久，以期将铁观音种茶、制茶技术工业化。但这个设想最终完全落空，因为铁观音的神奇变化，不可以一贯之，其中一位姓宫本的不禁感叹："中国茶太奥妙了！"

广东潮汕地区有这样一句谚语："福建人种茶，汕头人喝茶。"汕头安平路上有一条僻静小巷叫乾太厝*内，巷子两旁是66幢西式洋房，那儿有美丽的窗花和石兽浮雕。另有一条街叫福安街，取"福建安溪"之意，与乾太厝内的创建者和命名者都是安溪虎邱人林朝阳。生于1810年的林朝阳，是第一个来汕头做茶叶生意的安溪人。他开办的茶庄叫"林乾太"，不仅拿安溪茶赚了汕头人的钱，而且使汕头人喝安溪茶的越发讲究，以小杯小壶泡出香浓四溢的功夫茶而闻名海内外。林朝阳后来当了官，曾任潮州府水利、粮捕、海关税务官，人称"潮州林三府"。清咸丰皇帝所赐"绩著韩江"匾，同治皇帝所赐"克襄王事"匾，至今仍保存在林朝阳的故乡安溪罗岩村。

注：厝，闽南语中代表房屋。

乌龙茶最早的出现，铁观音最早的面世，都在蓝溪流淌的安溪

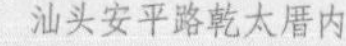
汕头安平路乾太厝内

县。蓝溪因其两岸“广植蓝草”而得名。早在宋代，安溪人便以蓝草印染花布，由蓝溪往泉州循海上丝绸之路运往波斯及欧洲。至乌龙茶于安溪崛起时，泉州港因明代海禁以及海港逐年淤塞，厦门港便取而代之，成了海洋贸易的后起之秀。据厦门口岸史料记载，清咸丰八年（公元1858年）至同治三年（公元1864年），英国每年从厦门口岸输入的乌龙茶多达1800吨，最多时曾高达3000吨，而厦门输出的茶叶，主要便是产自毗邻的安溪。

谢文哲 摄

包括安溪在内的闽南地区，其方言称茶为“TAY”，最早输入福建茶的荷兰人便根据厦门发音，将茶译成拉丁语系的“THEE”，其他欧洲国家均仿效之：英语称茶为“TEA”，法语为“THE”，德语为“THEA”，丹麦、瑞典为“TE”，都是“TAY”的转音。中国茶叶对英国影响最大，英国著名的下午茶习俗，就起源于中国茶叶的不断输入。

早在清乾隆年间，西坪尧阳人王冬就到越南开设“冬记”茶行，并在越南12个省开设分店，配制“冬记”大红铁观音，驰名中南半岛。咸丰年间，虎邱罗岩村人林宏德配造“金泰”铁观音，由其子林诗国和林书国委托新加坡的“荣泰号”茶行代理经销。光绪年间，西坪尧阳人王量、王称兄弟在印度雅加达开设“珍春”茶行经销铁观音。

20世纪30年代，安溪人在东南亚开设的茶号有一百余家，其中著名的有新加坡的“林金泰”、“源崇美”、“高铭发”、“林和泰”，马来西亚的“三阳”茶行、“梅记”茶行、“兴记”茶行，印度尼西亚的“王梅记”茶行、“王金彩”茶行，泰国的“义和发”茶行、“三九”茶行、“集友”茶行、“炳记”茶行，越南的“冬记”茶行、“锦芳”茶行、“泰山”茶行。而澳门的“王芳春”茶行，香港的“尧阳”茶行、“福记”茶行、“谦记”茶行、“泉芳”茶行，台湾的“张协兴”茶行、“王瑞珍”茶行、“宝记”茶行、王有记茶业公司、正达茶业公司、祥兴茶业公司、“龙泉”茶庄、“峰圃”茶庄，均广为人知。

1928年9月，新加坡茶商公会成立，安溪虎邱镇罗岩村人林庆年长期担任会长。“义和发”茶行的白锡碧长期担任暹罗国（今泰国）茶商公会理事长。安溪铁观音被海外茶人们视为奇货，往往用作“镇店之宝”。据统计，这一时期，安溪茶叶每年销往新加坡800余吨，马来西亚200余吨，暹罗国160余吨，菲律宾100余吨。

安溪山长水远，山重水复，旧时安溪人多以牛车运茶。为防尘防潮，通常在牛车上覆以白布。每逢产茶季节，山岭古道间牛车吱嘎，连成一条条蜿蜒白线，蔚然壮观。到了抗战时期，茶叶卖不出去，民间有“观音不如菜豆叶，砍下茶树当柴烧”伤感痛心之语。

泉州港·陈世哲 摄

近代安溪到厦门的古道之一
——龙门镇龙美溪湖店古堡·王绪强 摄

新中国成立后，受计划经济制约，民间的茶叶贸易戛然而止。

华虹公司总经理高水治先生回忆道："当时不能卖茶叶了，可新加坡那边却要销售我们的铁观音，只好叫亲戚朋友给那边寄，每人寄一包两包，每包二斤装。有一次那边要的量太多，要120余包，结果在厦门给卡住，厦门'革委会'把我母亲叫去审问，最后由生产队写了证明，证实这些铁观音是寄给新加坡亲戚品饮的，这才获准邮寄一半。"

乌龙茶在安溪有毛蟹、本山、梅占、佛手、黄金桂、铁观音等数十个品种，而最广为人知的，便是铁观音。日本是乌龙茶最大输入国，其中又以铁观音为主。在多数日本人眼里，铁观音就是乌龙茶的同义词。1979年，日本青春偶像组合"绯红少女"声称"喝乌龙茶帮我减肥"，于是日本迅速刮起乌龙茶热，年进口量由原来的2吨猛然升至280吨；至1981年，突破1000吨；至1996年，突破1万吨；至2009年，突破2万吨。

日本人于茶道的繁复及细腻，远比潮汕功夫茶为甚，但日本人却感觉乌龙茶冲泡不便，于是日本三得利公司率先开发瓶装乌龙茶饮料，深受普通百姓欢迎。如今日本饮料市场有加热后味道更浓的"三得利"热性乌龙茶，颜色金黄的"伊藤园"金色乌龙茶，发酵度低的"朝日优牌"乌龙茶，以及麒麟公司的"凤凰"乌龙茶，等等，不一而足。虽然喝法与中国人完全不同，但饮用乌龙茶却成了许多日本人的生活常态。

俄罗斯是世界第一大茶叶消费国和进口国，年人均饮茶超过1.3公斤，而进口茶中红茶占绝大部分。安溪铁观音的到来改变了俄罗斯人茶叶消费的格局。在圣彼得堡等大都市，安溪茶叶连锁店迅速扩张，形成茶叶一条街，越来越多的俄罗斯客商、市民痴迷于铁观音那比红茶更浓郁的香气。2007年3月的俄罗斯中国国家展，安溪铁观音展区挤满了大批俄罗斯市民，他们不仅迷恋展出的茶叶，对安溪茶艺表演、安溪历史文化也表现出浓厚兴趣。

安溪铁观音在海内外的名声大振得益于一次又一次在茶叶拍卖中的卓绝表现。1993年，500克安溪铁观音在泉州拍卖到1万元；1995年，500克在安溪西坪镇拍卖到5.8万元；1996年，500克在广州拍卖到17万元；1998年，100克在上海拍卖到4万元；1999年，100克在北京拍卖到7万元；同年，100克在香港拍卖到11万港币。

这就是铁观音的传奇故事。
这个传奇发生在福建安溪。
以植物而论，没有哪种植物比铁观音的故事更传奇；
以茶叶而论，没有哪个品种比得上铁观音的所向披靡。

自从安溪人于明成化年间发明乌龙茶制作技术后，这种技术便连同乌龙茶优良品种一起迅速向邻近产茶县、闽北及台湾地区传播。《安溪县志》载："乌龙茶做法首先由安溪人发明，后传入闽北和台湾。"民国《建瓯县志》也有："乌龙茶叶厚而色浓，味重而远，凡高旷之地种植皆宜，其种传自泉州安溪县。"《福建之茶》一书则更为详细："崇安之乌龙于清道光年间由安溪人詹金圃先移建瓯再移北者。""崇安"即今天的武夷山市。清初，安溪有许多制茶高手被聘请到武夷山担任制茶师傅，并在当地传授乌龙茶制作技术，不少人干脆就在武夷山定居下来。至今，在武夷山天心洞、水帘洞等茶区还有讲闽南话、祖籍安溪的村民上千人。

安溪人将水仙、肉桂等乌龙茶品种传到武夷山也是在清代。西坪镇西源村雾山林燕愈，于清嘉庆初年迁往武夷山。据林氏后人传说，林燕愈先在岩茶厂做雇工，白天制茶，晚上还要将茶厂的水缸挑满。一次接连三天，林燕愈都发现晚上挑满的水缸到早上就莫名其妙地空了。他于是趁夜藏在水缸边，半夜里一匹白马突然从外面跑进来，将水缸里的水喝光后转身就跑。林燕愈急忙追上去，追到幔陀峰边一块大石旁时，白马不见了。林燕愈从白马消失的地方往下挖，竟挖出了一大堆白银。当时的武夷山虽有三十六峰九十九岩，但基本上都还是荒山，林燕愈决定用这笔钱开荒种茶。那时武夷山的土地都是天心永乐禅寺的庙产，林燕愈只好去找住持商量。住持不知道林燕愈得了财宝，就说："从今年正月开始到中秋节，你能开出多少座山，多少座山就都归你。"不曾想林燕愈从江西请来大批雇工，到中秋节前竟开出了包括幔陀、霞宾、宝国三座山峰在内的十八座茶园。林燕愈又回到西坪老家，将家乡的水仙、肉桂、奇兰、梅占、佛手等优良茶种带到武夷山，把十八座茶园经营得红红火火。

西坪镇西源村林心博故居"奇苑楼"

武夷山霞宾岩茶园·叶景灿 摄

林燕愈所创立的雾山幔陀后来分出东、西两个支系，西系至今仍在武夷山绵延不息。在西坪西源村林燕愈后代居住的房子“蔚美楼”、“活水厝”里，至今保留着这样一副对联：“幔岭参天七品龙传辉宝国，陀峰插地千章触舌灿霞宾”，讲述着祖先当年的传奇故事。

清同治年间，雾山幔陀西系林心博在泉州创立了“林奇苑”茶行，后来又在厦门开设分店，并在厦门港口附近的鹭江道设立了茶栈，通过厦门港大量出口安溪铁观音和武夷岩茶至新加坡、马来西亚、泰国、缅甸等东南亚国家。

台湾，远古时与大陆相连，后因地壳运动形成海峡，才有了如今的台湾岛。台湾与福建隔海相望，在很长一段历史时期内，台湾都隶属于福建管辖。宋代中央政府将澎湖划归福建泉州晋江县管辖；元代台湾隶属于福建泉州同安县，即今天的厦门；1662年，福建泉州人郑成功驱逐荷兰殖民者，收复了台湾；1683年，清廷招抚郑氏，设台湾府，隶属于福建省。

台湾的福建移民·赖小兵 供图

自明代开始，安溪人陆陆续续迁往台湾，参与台湾的开荒建设。他们携亲伴友，有的甚至整个乡（如参内乡黄氏二房近千人）一起迁往台湾，垦荒务农，种粮种茶。到今天，安溪籍台胞已有200多万人，占台湾人口的十分之一。第一个将铁观音茶苗传播到台湾的安溪人张乃妙，其故乡大坪乡只有1万多人口，大坪籍台胞却有27万人之多。因此，台湾的地方方言、民间信俗、风俗习惯、戏曲艺术，等等，都与安溪血脉相连。为了纪念故乡，安溪移民在台湾大量沿用安溪本土的地名，如“安溪村”、“长坑村”、“凤山村”等。

明万历年间移住台湾旗后（今高雄市）盖寮捕鱼的龙门榜头人白圭，是《安溪县志》中记载的最早迁台的安溪人。清代，安溪人几次大规模迁往台湾。郑成功东征台湾时，许多安溪人加入了他的军队，仅官桥赤岭一地就有500多人，这是安溪人规模较大的一次迁台；清廷平定“三藩”后，进取台湾对清政府来说已是巩固边防、完成统一大业的当务之急。安溪湖头人、文渊阁大学士李光地力主进取台湾，并推荐泉州晋江人施琅出任统帅。郑氏归降清廷后，康熙本来认为“台湾弹丸之地，得之无所加，不得无所损”，后经权衡利弊，才终于将台湾纳入清政府统一的全国政权管辖之下。彼时大量安溪人携眷迁往台湾北部，开垦台北的田地和山区，这是安溪人另一次规模较大的迁台。乾隆年间，

台湾台南清水祖师庙·安宣 供图

安溪移民在台北万华区修建了规模宏伟的艋舺清水祖师庙，庙内的一幅石柱楹联："为清水，为蓬莱，此地并分法界；是金身，是铁面，入门便见真容"，表明了这座庙与安溪蓬莱清水岩寺的联系。近代，一些安溪乡民为避匪乱、避抓丁，仍有零星迁台。安溪人入垦台湾后，在茶业、酿造业和塑胶业方面成绩斐然。台湾塑胶业巨头王永庆的祖先，便是安溪长坑乡的茶农，在清道光年间渡台后以种茶为生。

台湾的茶种、茶叶种植采制技术都源自福建安溪等地，许多安溪移民是台湾茶叶生产的先驱。清嘉庆三年（公元1798年），安溪西坪人王义程在台湾将乌龙茶制作技术加以改进，创制出台湾包种茶，并大力倡导乡民种植，又四处传授制作技术；清光绪八年（公元1882年），安溪茶商王安定、张占魁在台湾设立“建成号”茶厂，专事研究茶叶栽培、制作技术；清光绪十一年（公元1885年），安溪西坪人王水锦、魏静相继入台，在台北七星区南港大坑（今台北市南港区）致力于包种茶制作技术的完善，后来被台湾当局聘请为讲师，教导茶农种制包种茶，使包种茶销量稳步直升；1896年，安溪大坪人张乃妙返乡探亲后，随身带了12株铁观音茶苗回台湾，种在木栅樟湖山居所屋后的岩缝间。

张乃妙画像

1916年，张乃妙在台湾劝业共进会举办的“初制包种茶品评”比赛中，凭自制的茶叶获得“特等金牌赏”。之后，张乃妙被台湾当局聘请为“巡回茶师”，在台湾各地传授包种茶及乌龙茶制作技艺，1919年，张乃妙以台湾“巡回茶师”的身份回到安溪，购买铁观音茶苗千株，广植于木栅樟湖地区，是为今天台湾“木栅铁观音”的始祖。

1935年，台湾茶叶宣传协会在台湾博览会上褒奖张乃妙“功在台湾茶业”，并奖给其青铜花瓶一对。

除了两次回乡引种铁观音茶苗，张乃妙还几次回安溪学习铁观音制作技艺。1936年冬，张乃妙回到安溪，在胞弟张乃省的安排下，以退休茶师的身份与安溪当地士绅、制茶大师多次交流制茶经验，从中领悟铁观音的制作秘诀。张乃妙还聘请家乡的制茶师傅到台湾木栅协助改进铁观音制作技艺，并将之传授给乡邻。

第二次世界大战爆发后，台湾茶叶外销市场受阻，许多茶园都改种了杂粮。张乃妙却坚持开垦新茶园、种植铁观音并免费向乡邻提供茶苗、传授制作技艺。

安溪移民还开拓了台湾的茶叶贸易。安溪移民早期在台湾开设的茶行，包括西坪人王德的“宝记茶行”，王金明的“王瑞珍茶行”，王庆年、王庆泰的“尧阳茶行”，柯世钦的“正达茶业公司”等。而安溪历史上第一个铁观音茶王——西坪茶商王西，也是在台湾产生的。1916年，王西在家乡制作、由台湾“天馨”茶行经销的“万寿桃”牌铁观音，在台湾督署举办的茶叶评选活动中获得金牌。

賞狀
安溪堯陽鄉 王西
萬壽桃
右者特選前記名茶品質優良謹備金牌壹個呈上賞與祈即笑納是荷
昭和六年十月十五日
臺北天馨茶莊王笋敬贈

王西奖状
王西“万寿桃”商号印章
王西金牌
王绪强 摄

说到台湾，不能不提林鹤年。林鹤年，安溪芦田镇人，晚清福建八大诗人之一。其父林远芳以海防有功，累官至道员，晚年经营茶业，创办有“英芳号”茶店，在厦门、广州、台北都有分店。1892年，林鹤年被清廷调到台湾任知府，后提升为道台，承办茶厘船捐事务；又应板桥林维源之聘，商办垦务，在台湾开发土地达数百里。甲午战争爆发后，林鹤年积极襄助敌前军务。1895年，清廷与日本签订《马关条约》，将台湾割让给日本，林鹤年携家眷定居于厦门鼓浪屿，建怡园，为“心怀台湾”之意。台湾人民和官兵拒绝割台，总兵刘永福等率领黑旗军进行反抗，林鹤年给予了大力支持。但由于外援断绝，黑旗军只坚持了4个月就败退回大陆。林鹤年闻讯后痛心疾首，到泉州南安孔庙前的“郑成功焚青衣处”*痛哭。

怡园三宝：
书法家吕世宜手书“小桃源”石刻
太湖石桌椅
郑成功带兵挖的“国姓井”

林鹤年的故乡芦田现存有规模宏大的林鹤年故居，包括龙美居、天伦书屋、私塾“兰圃学校”、典当行、梳妆楼等建筑，布局讲究，精工细作。林鹤年还留下了1900多首茶诗，既有记录闲居生活的“睡听秋声赋，慵煎雪里茶”，也有描绘清末芦田一带种茶兴盛的“千村学种茶，杉茶遍户栽”。

林鹤年四子林辂存，曾参与清末维新运动，后又在游历美国、东南亚期间积极向华侨鼓吹革命，并资助孙中山。辛亥革命后，林辂存回国任福建咨议局议员和咨政院议员，后任福建暨南局局长，积极沟通海外声气，激励并引导侨胞投资建设祖国。林辂存因对国家的贡献，曾获国民政府四级、三级嘉禾章并佩开国纪念章。

注：“郑成功焚青衣处”，1646年，郑成功之父郑芝龙不顾郑成功“哭谏”，决意降清，致使福建西北门户仙霞关失守，福州沦陷，南明隆武王朝倾覆。郑成功之母田川氏为免受辱，自缢身亡。郑成功为母举哀营葬后，率部携带青衣儒服到南安孔庙哭告孔子曰：“昔为儒子，今为孤臣，向背去留，各行其是。谨谢儒服，惟先师照鉴。”告毕，出门于魁星阁前焚烧青衣，从此带领部下招募义兵，高举“抗清复明”旗帜，与清廷进行了长达38年、延续三代人的浴血斗争。

芦田林鹤年故居灰塑·罗炎秀 摄

第031页
鼓浪屿怡园

银龙腾跃春潮涌

广东潮汕地区的许多先民是宋元时期从福建闽南地区迁徙过去的，潮汕方言就属于闽南语系。在移民的同时，潮汕人的祖先将故乡的喝茶传统也带了过去。并且潮汕地区地处沿海，气候潮热，潮汕人所食又多为海鲜，所以茶叶在那里就跟大米一样必不可少。汕头人称茶叶为“茶米”，汕头城更是“茶铺多过米铺”。潮汕人后来又将乌龙茶泡饮技艺发扬光大，创造了舒缓有致、悠然古朴的功夫茶泡法。在汕头，人们一天至少要喝三泡茶——早上一泡，中午一泡，晚上再一泡，因此，潮汕地区一直是安溪茶叶的主要消费区之一。

潮汕功夫茶、汕头安平路

汕头乾太厝内

早在19世纪中期，安溪虎邱镇罗岩村人林朝阳就到汕头开设了“林乾太”茶行。林朝阳发家后在汕头创建的福安街和乾太厝内，是当时汕头埠的主要街道，至今犹存。林朝阳后来弃商从政，起因于他将做茶叶生意所得的十万两银元存在汕头的一家钱庄内，钱庄董老板欺他是外地人，一夜之间佯称钱庄倒闭，侵吞了这些银元。林朝阳索要不成，还被董老板讥讽说：“若要索回这些纹银，当待你任潮州父母官。”林朝阳告到潮州府，潮州府也不受理。一气之下，林朝阳弃商从政。经钦差大臣林则徐举荐，林朝阳先到四川押运铜锭，后到广东，历任潮州府水利、粮捕、海关税务官，人称“潮州林三府”。而林朝阳在潮州任职期间，钱庄董老板又与一人发生财务纠纷，此次理在董老板，林朝阳的秉公执法令董老板愧疚不已，主动将十万两银元奉还。第二次鸦片战争期间，林朝阳外抗英军侵扰，内治不法奸商，有效地维护了潮汕沿海的社会治安。林朝阳的茶叶生意和政治活动对汕头埠的兴起可谓功不可没。

改革开放后的1982年，西坪镇珠洋村人王荣科从老家挑着茶叶来到汕头，承继并拓展了林朝阳开创的汕头茶叶市场，是改革开放后来汕头发展茶业的安溪第一人。王荣科生在茶商世家。民国时期，他的祖父就到香港开茶行谋生。新中国成立前，他的父亲又在漳州东山岛等地开设茶行。1978年以前，王荣科一直在西坪茶叶加工公司做业务。80年代公司被承包后，他开始到汕头创业。经过20多年的奋斗，他创办的西坪茗源茶业公司已在汕头市区开了10来家茶叶店，连锁店遍及马来西亚、新加坡、美国、香港、澳门等国家和地区。如今，王荣科家族四代人已先后落户汕头，茶叶生意也后继有人。2009年，王荣科当选为新成立的安溪茶叶协会汕头分会会长，后辈安溪茶商都亲切地称他为“老头子”。

王荣科

汕头街头茶店招牌

继王荣科之后，许多安溪人陆续来到了汕头。现在，在汕头安身立命的安溪茶商已有一万多人。遍布汕头城大街小巷的两三千家茶叶店中，安溪人经营的茶叶店占了六成以上，安溪茶商在汕头茶叶市场所占的市场份额已达到65%。

安溪茶叶的出口，最早是通过唐朝时兴起的泉州刺桐港。

泉州港·陈世哲 摄

海上丝绸之路传播路线·海帆 摄

第038页
泉州开元寺·崔建楠 摄

泉州，地处福建东南部，是古代“海上丝绸之路”的起点之一，因古时全城遍植刺桐树而被称为“刺桐城”，泉州港亦称作“刺桐港”。唐代，泉州已是沿海四大贸易港口之一。宋建炎二年（公元1128年），朝廷设置福建（泉州）提举市舶司，泉州从此发展为中国对外贸易的重要海上门户，海外贸易扩展到一百多个国家和地区。当时，安溪是泉州港对外贸易商品的生产基地之一，安溪的茶叶、瓷器、铁制品都是出口的大宗商品。《宋会要辑稿》中记载：“国家置市舶司于泉、广，招徕岛夷，阜通货贿，彼之所阙者，丝、瓷、茗、醴之属，皆所愿得。”其中，“泉、广”指泉州、广州，“茗、醴”指茶叶和酒。据史料记载，宋代与安溪有贸易关系的有58个国家，遍及今东南亚、西亚、北非等地区。

泉州海上丝绸之路·崔建楠 供图

泉州开元寺双塔·陈世哲 摄

宋元政权交替之际，当时泉州的权贵、曾任宋朝市舶司的阿拉伯商人后裔蒲寿庚降元，客观上使泉州免受战争创伤，为泉州港后来的兴盛创造了条件。元至元十四年（公元1277年），朝廷在泉州设置了市舶提举司，使泉州港的海外贸易进入鼎盛期，泉州港一跃而为世界大港，以“东方第一大港”之称与埃及亚历山大港齐名。

泉州天后宫·潘丽芬 摄

泉州古船·陈世哲 摄

悠久的海外贸易史在泉州大地上留下了许多遗迹。信众遍布五大洲四大洋的妈祖信俗即兴起于泉州港海外贸易开始昌盛的宋代。我国东南沿海现存最早、规模最大的一座妈祖庙泉州天后宫，也于宋庆元二年（公元1196年）在泉州建成。妈祖是航海者出海的保护神，不仅出港前要到妈祖庙中祭拜，航海者还会将妈祖神像请上船舶，过海登陆后再建宫立庙，供奉其中，妈祖信俗就这样随着华人的足迹遍布世界各地。

泉州市郊的九日山有许多祈风石刻，这些石刻都是宋元时期泉州海外贸易昌盛的历史见证。当时，许多外国商人每年春夏都趁东南季风，驾船到泉州进行贸易活动，秋冬时则趁西北季风驾船回国。泉州官府为迎送番商首领，就在每年外国商船扬帆之际，在九日山南麓的延福寺、昭惠庙举行“冬遣舶、夏回舶”两次祈风盛典，为即将起航的外国商船向海神祈求赐风，以使商船在海上往返顺畅，祈风仪式后再刻石留记。在当时，祈风是掌管海外贸易事务的官员市舶司的职责之一。

泉州九日山祈风石刻·王绪强 摄

明代，政府开始施行海禁政策。清初更是闭关锁国，对外通商口岸只留澳门一地。清康熙二十二年（公元1683年）才开始解禁，开广州、漳州、宁波、云台山（今连云港）四个口岸对外通商。但到了清乾隆年间，清廷又只留广州一口通商。1842年第一次鸦片战争清政府战败，被迫与英国签订《南京条约》，其中规定中国开放广州、厦门、福州、宁波、上海五处为通商口岸，实行自由贸易。

明清泉州港因海禁政策衰落后，厦门逐渐成为福建乌龙茶出口的集散地。

厦门地处福建东南沿海，毗邻安溪。因面临太平洋，厦门凭着得天独厚的地理环境，在海上交通兴起后逐渐成为我国对外贸易的重要港口。

英国人威廉斯（S. W. Williams）编的《中国商务指南》中记载："17世纪初，厦门商人在明朝廷禁令森严之下，仍然把茶叶运往西洋各地和印度。1610年，荷兰商人在爪哇万丹首次购到由厦门商人运去的茶叶。"曾先后担任北京、牛庄（现辽宁省营口市）、厦门海关通译的英国人包罗（C. Bowra），在他所著的《厦门》一书中写道："厦门乃是昔日中国第一输出茶的港口……毫无疑问地，是荷兰人从厦门得到茶以后，首先将茶介绍到欧洲去。"

明末清初，出身海商世家的泉州人郑成功来到厦门，以厦门为抗清基地，采取"通洋裕国，以商养兵"的政策，大力发展厦门的对外贸易，厦门港的海外贸易由此空前地发展起来。郑成功控制的厦门海上贸易，主要就是茶叶贸易。曾担任郑成功储贤馆谋士的厦门诗人阮旻锡在《安溪茶歌》中写道："西洋番舶岁来买，王钱不论凭官牙"，表明当时每年都有外国茶商到厦门采购茶叶，而茶价则由郑成功设立的牙行全权决定。郑成功在厦门以对外贸易筹资

厦门鼓浪屿郑成功塑像

养兵，十几年后，自厦门出发前往台湾，1662年击败荷兰殖民者，收复了台湾。

清康熙二十二年（公元1683年），清廷开放海禁，在厦门设立了海关。1842年五口通商后，安溪所产茶叶的80%都从厦门运销海外。20世纪30年代抗日战争爆发后，厦门沦陷，安溪茶叶出口受阻，造成茶叶大量积压，茶行倒闭，茶园荒废，安溪茶农生活困顿。

1952年，国营安溪茶厂成立后，将茶叶调供厦门茶叶进出口支公司出口，恢复了安溪茶叶通过厦门港的出口。

除了通过厦门港出口茶叶，清代起至今，安溪茶商还纷纷到厦门开设茶行，清末民初时尤为密集。据《安溪县志》记载，1921—1945年，“开设在厦门的茶号有泰美、泰发、尧阳、金泰、和泰、奇苑、联成、三阳、锦祥等40多家”。其中，“尧阳”茶行为西坪镇尧阳村人王淑景于20世纪初开设，王淑景之子王文斗后来将茶叶生意拓展到了香港。现在，王氏家族的后代仍在香港、台湾经营“尧阳”茶行，他们曾回安溪修缮了尧阳王氏宗祠，并以王淑景和王文斗的名义在厦门设立了“王氏奖学基金”，这是厦门历史上第一个专项教育基金。

厦门鼓浪屿老建筑

林朝阳的同宗之后林诗国，也在厦门开设有“林金泰”茶行。林诗国年轻时就随其祖父、父亲经营茶叶生意，因对茶叶种植、焙制、品评、销售都深有研究，被称为“茶叶专家”。1918年，土匪围困罗岩村，他带领全家70多人离乡到厦门避难，并开设了“林金泰”茶行。通过厦门港，林诗国将家乡的茶叶销售到新加坡和马来西亚。1924年，因“林金泰”茶行在东南亚的代理商“荣泰”茶行发生股东拆股，严重影响了“林金泰”茶行在东南亚的销售业务，林诗国于是派其侄子林庆年前往吉隆坡及新加坡开设茶行。

安溪林庆年故居·谢文哲 摄

林庆年，1893年生于罗岩村，1924年从北京大学毕业后，“痛感地方不静，举家外逃的苦楚，决意回乡继承父业，借此捍卫桑梓”，于是回乡组织民团，受赣军独立团番号并任团长。同年，林庆年与张贞、叶定国、陈国辉等部联合进攻盘踞在漳州的北洋军阀张毅部。但因民军缺乏训练，为张毅部所败。之后，林庆年听取叔父林诗国的安排，前往吉隆坡创办“林金泰”茶庄。1925年，又在新加坡设立了总行。几年间，林庆年的业务就扩展到了金融、橡胶等行业，成为新加坡侨界的著名富商。

在经商的同时，林庆年还热心于新加坡的公益事业，在华校推行华语教学，有力地推动了当地的华文教育，获“有功民族之举”之赞誉，并逐渐成为众望所归的侨领之一。1934年起，林庆年担任新加坡安溪会馆第一常委、常务主席。1935年，当选为新加坡中华总商会第二十届会长。1936年，林庆年被推选为参加南京国民大会的南洋华侨四名代表之一。抗日战争爆发后，林庆年担任新加坡筹赈会委员，积极捐资筹款，后又回国支援祖国的抗日战争。直至1946年，林庆年才返回新加坡，重整茶行。1955年后，林庆年历任新加坡中华总商会董事、副会长、会长，新加坡茶商公会主席，新加坡安溪会馆常委、名誉主席等职务，为故乡安溪和新加坡华侨倾尽了心力。

安溪人到新加坡开办茶行始于清光绪年间，到1928年新加坡茶商公会成立时，22家茶商会员里，安溪茶商就占了15家，安溪茶商已成为新加坡茶业界的主力。而安溪人移民到新加坡也始于清代，到第二次世界大战前，新加坡的安溪移民已有2万多人，为新加坡的早期开发作出了重要的贡献。1987年7月31日的新加坡《联合早报》以整版的篇幅，发表了题为《安溪人对新加坡乡村区开发的贡献》一文，详细介绍了安溪人开发新加坡乡村地区的事迹。

今天安溪两大出口茶企业之一的华虹茶业，其创始人高云平也是新加坡近代著名的安溪茶商。高云平是安溪虎邱镇人，因生活所迫下南洋谋生。到新加坡后，高云平于1918年创办了“高建发”茶行。经过多年苦心经营，“高建发”茶行在新加坡、马来西亚陆续开了80多家分店。当时，茶行从安溪虎邱、西坪收购茶叶，然后装在木箱中，用牛车走山路运到厦门，再用船运到新加坡。为了确保茶叶的品质，高云平在家乡收购毛茶，然后请家乡的焙茶师到新加坡烘焙加工，连烘焙用的木炭、焙笼也从家乡运过去。1945年，由西坪王联丹配制、“高建发”茶行经销的“泰山峰”牌铁观音在新加坡茶叶评奖活动中获得金牌一枚、金笔一对，高云平也成为安溪历史上第一个在海外获奖的铁观音茶王。

高云平 · 高水治 供图

高云平之后，他的女儿高铭莉继承了家中的茶叶生意。改革开放前，高铭莉就在家乡亲人高清良的帮助下，通过邮包的方式千方百计从安溪进口铁观音。90年代中国市场开放后，高铭莉即回乡牵头创办了华虹。从牛车运茶到邮包寄茶，再到今天的集装箱出口，高云平家族见证了安溪铁观音发展的生生不息。

包括新加坡在内，到1948年，安溪侨亲在东南亚各国开办的茶行、茶庄、茶店共有100多家。其中新加坡30多家，泰国20多家，马来西亚、印尼、缅甸、越南各有10多家。

1985年，茶叶放开经营后，安溪铁观音除了内销到传统的消费市场，如闽南厦漳泉地区、广东潮汕地区外，在南方又增加了广州、深圳、珠海、海南、桂林等市场，并逐步打开了北方市场，如北京、西安、沈阳等地，改变了安溪铁观音“销南不销北”的局面。

一拨又一拨的安溪人就这样拓出了一条条的茶路，将安溪铁观音带到天南地北，同时也造福于子孙后代。

原乡，对一代代漂洋过海的安溪人而言，是一个感情复杂的字眼。每个人都有原乡，但许多人自觉地远离了她，到广阔天地中去寻找安身立命之所。可是，从他们离开的那一刻起，他们也开始魂牵梦萦着那个也许再也回不去的地方。原乡给了他们最初的生命，给了他们离开她的勇气和力量，如同世间无数母亲所做的那样。

海洋的开放和冒险滋养着一代代的安溪茶商，他们往往能于绝境中焕发出顽强的生命力，背井离乡却总能白手起家。他们虽是中国传统社会中最寻常不过的当家男人，所求不过养家糊口，但却在不经意间创造了历史。他们大多没有留下画像、照片或任何文字记载，但正是这一广大而沉默的群体，开创了安溪茶叶贸易的历史。

安溪文庙有一幅《邑民垦荒图》，记录了安溪人的祖先挥锄开荒的情景。大多数安溪人的祖先是古代从中原地区南迁而来。为了躲避当地土著的排斥和土匪的骚扰，他们避居深山，开荒造田，顽强地生存了下来，才有了今天的安溪。安溪人的祖先籍籍无名，但他们的热血奔涌于一代代安溪人的血管之中；他们顽强的生命力，仍在子孙后代身上焕发着勃勃生机。这一种生命的大美，也是中华民族千百年来屹立不倒、生生不息的原因之所在。

第049页
黄民生 摄

安溪茶叶的外销，早期主要通过水路。因泉州晋江西溪的上游在安溪，宋元时期安溪人已通过西溪将茶叶运到泉州，再由泉州刺桐港出口海外。到了明正统年间，安溪湖头镇人李森捐银修造航道，打通了湖头直达泉州的水路，使湖头成为当时内安溪各乡及邻县永春等地的货物集散地。除了茶叶，安溪的生铁、杉竹木材、木炭、土纸、笋干等特产也从湖头运往泉州，销往全国各地乃至东南亚地区。今天，在湖头镇湖一村的中山街仍有一条小巷叫“船巷”，即是当年通往码头之路。

除了湖头，古时安溪还有几个码头曾繁荣一时，如县城南门、仙苑、金古、祥云、魁斗、美滨、元口等。

随着厦门港茶叶贸易的兴起，从安溪大坪乡到厦门同安县的一条山路热闹了起来。这条茶路从大坪出发，到同安县城后，有船直通厦门港。新中国成立前，这条路不仅是安溪茶叶运往厦门的要道，也是许多海外安溪侨亲的回乡之路。从大坪到同安的这条山路全程约三四十公里，往返一般要两天。当时有专职的挑夫，从大坪将茶叶等安溪特产挑到同安，回程时则挑食盐等日用百货。为了方便海运，茶叶要经层层包裹——茶包贴上纸，刷上桐油，捆上竹篾后再裹一层锡箔纸，然后装入木箱，用铁钉密封。挑夫一般一人挑两箱，重约100斤，路上自带咸饭等干粮，渴了就喝山泉或向路上的人家要些开水泡自己带的茶叶。当时也有长坑等内安溪的百姓走这条路到同安，单程要走十多天。有民谚说：“阮*厝月是柴梳，恁*厝月是斗底”，意思是月牙时出门，到月圆才能到达目的地。

注：阮，闽南语中的“我”。
恁，闽南语中的“你”。

湖头船巷

大坪古道·王乃通 摄

此外，还有一条从西坪尧阳经虎邱、龙门到同安的茶路。这条路要翻越1000多米高的东岭，大约要走一天。新中国成立前，新加坡“高建发”茶行从安溪出口茶叶就走这条路。

为了改变这种落后的交通状况，1926年，厦门安溪公会会长林启成在安溪公会第三届常务委员会议上倡议筹建安溪至同安的公路。同年，安溪民办汽车路股份有限公司成立，旅外安溪商人、华侨等积极筹资捐款。1928年3月1日，安溪至同安公路开工。1930年春，同安县城西门至安溪北石全线通车，安溪从此拥有了其历史上第一条公路。

新中国成立后，安溪茶叶长期实行“统购统销”的政策。改革开放初，一些乡村公路仍是土路，通车不便，许多茶农便走山路将自家种制的毛茶送到安溪茶厂设在各乡镇的茶叶收购站去卖。感德镇尾厝村人陈秀冬，在20世纪八九十年代还走山路到祥华茶叶收购站去卖茶。因山路陡峭，挑茶叶要用一种特制的扁担，扁担中部用绳子系着一根拐棍。这样一手拿手电一手拄拐棍，走山路就不容易摔倒。茶叶要用防水的茶叶袋装好，还要随身带斗笠防雨。女人只挑得起五六十斤茶叶，男人则可以挑八十斤。据陈秀冬回忆，那时往往是凌晨一两点就起床，与丈夫吴长水赶在早上7点前到茶叶收购站去排队。卖完茶叶后，还要再买些生活用品走山路回家。为了生计，当时每一季的茶叶做好后，除了留够自家喝的，不管是晴天还是雨天，都要连着挑两三个晚上出去卖。后来，水泥路修好了，铁观音市场也日渐繁荣，开始有茶商上门来收茶，这些山路便渐渐荒废了。

陈秀冬

经过几代人的建设，今天的安溪公路、铁路、水路四通八达，安溪铁观音的茶路也越走越宽。2004年7月，安溪至厦门高速公路试验段开工，安溪在全国首创县级单位自筹资金建设高速公路的先河。作为沈海高速复线的一部分，安厦高速已经正式纳入国家高速公路网的规划建设中。

第053页
从感德镇尾厝村到祥华乡的挑茶古道

茶路的兴起，又带动了地方的发展。始建于20世纪30年代的大坪古街，因大坪到同安茶路的兴盛而繁荣起来。为了方便市集交易，乡贤高云龙倡议建造新街，得到了其他乡贤的资助。高云龙于是组织乡亲将茶叶运到厦门，换回钢筋、红毛灰(也称洋灰，即今天的水泥)等建筑材料，并亲自督建。据大坪《高氏族谱》记载，新街按风水取向，为利于发展，定为地下渠暗出水的T字形街道、展翅乌鸦形穴地，意如大鹏飞腾之兆。来水明流、出水暗洞，示财源广进之意。横街长19丈，竖街28丈，街宽8.9尺。两条街道都采用当时中国东南沿海城市流行的商业骑楼结构，这种从欧洲引入的建筑形式可避风雨、防日晒，十分适合南方多雨、日晒足的气候特点。街上的石柱、砖柱整齐有序，精美的石雕花卉遍布二楼墙面。而洗刷水泥装饰的60多间店铺里食品、布料、小五金等日用百货一应俱全，此外还有供来往客商吃饭住宿的菜馆、旅店。在当时的安溪，规模如此之大的水泥石木结构建筑堪称独一无二。

大坪古街·王绪强 摄

大坪古街逢农历四、九是大集，逢二、六还有小集，每逢圩*日，安溪及邻县的乡民便汇集于此，大坪因此成为当时安溪与外界物资交流的中心。外乡人到这儿来买茶叶、竹木制品等安溪特产，安溪人则从这儿买到漳州长泰的大米、同安的食盐等生活必需品。

注：圩，湖南、江西、福建、广东等省对集市的叫法。

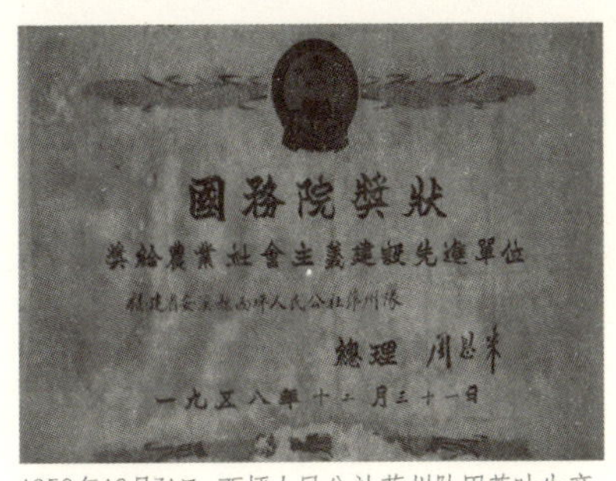

國務院獎狀

獎給農業社會主義建設先進單位

福建省安溪縣西坪人民公社萍州隊

總理 周恩來

一九五八年十二月三十一日

1958年12月31日，西坪人民公社萍州队因茶叶生产荣获国务院表彰，被授予“农业社会主义建设先进单位”称号。

第056页
茶树短穗扦插繁殖·郑煌专 摄

除了茶叶、茶叶品种、茶叶种植采制技术的传播，茶树短穗扦插繁殖技术也是安溪茶农对世界茶产业的一大贡献。1636年，安溪西坪人发明茶树整株压条育苗技术之后，这项技术就逐渐向闽北、台湾等地区传播；到1936年，安溪西坪人将茶树长穗扦插技术改进为短穗扦插技术，后者至今仍是世界上最先进的茶树繁殖技术；1956年，福建省农业厅和县茶叶技术指导站在西坪人民公社萍州队（今大坪乡萍州村）进行大面积茶树短穗扦插繁殖实验，获得成功；1957年10月，农业部在萍州召开茶树短穗扦插繁殖技术现场观摩会，将这项技术推广到全国各产茶省，并逐渐传播到印度、斯里兰卡、日本、肯尼亚、坦桑尼亚、乌干达等世界主要产茶国，使短穗扦插繁殖技术成为当今世界运用最广泛的茶树繁殖法。

在茶叶传播的同时，安溪的民间信俗、茶歌、民间戏曲等，也随着移民的脚步传播到了台湾等地。移居台湾的安溪乡民，常常带去族谱、神主牌（祖宗牌位），同时把家乡最信仰的神明也请去，作为保护神敬奉。在台湾，安溪移民建庙供奉最普遍的是清水祖师，此外还有保仪尊王、城隍公等。据统计，在台湾民间信仰的300多种神灵中，80%是由大陆（主要是福建）分灵过去的。台湾的分灵庙在神诞或其他重要庆典期间，经常要往福建祖庙进香乞火，乞请祖庙神灵赴分灵庙绕境巡游，以此获得来自祖庙神灵的超常灵力。

台湾高雄左营清水寺·安宣 供图

前几年，台湾民俗专家沈明达先生到安溪大坪乡采集茶歌时，发现在安溪听到的茶歌和台湾基隆的茶歌，词曲几乎完全一样。“宁卖祖宗田，不忘祖宗言”，基隆的人口以安溪籍居多，早期的先民将安溪茶歌带到基隆后，根据基隆的地理气候等情况加以变化。安溪芦田有《采茶歌》：“手提茶卡*系半腰，来去山顶挽*茶叶。一叶半叶着罔拾*，若无艰苦钱𫗦*着。一个茶卡六角尖，来去山顶挽茶签*。一签半签着罔捻*，添头贴尾买油盐。”台湾基隆则有茶歌：“手提茶卡结半腰，卜*去茶山挽茶叶。身躯扑澹*惊人笑，若无艰苦钱袂*着。茶仔幼幼著罔捻，捻卜*何时一卡尖。转去家中爱纠俭*，添头贴尾买油盐。”两首茶歌异地同声，其血脉联系显而易见。

大坪茶歌·王绪强 摄

第059页
高甲戏·赖小兵 摄

安溪的民间戏曲艺术——南音、高甲戏、布袋戏，也随着安溪人的脚步，传到了台湾等地；而上世纪90年代从台湾传入安溪的茶叶机械，在安溪经过新的技术改良和创新，如今已销回台湾。

注：茶卡，即茶蒌。
挽，闽南语里“采”的意思。
着罔拾，“要捡拾，不要浪费”之意。
𫗦，闽南方言字，表示不可能实现。
茶签，茶叶尖，即茶叶。
着罔捻，“要采摘，不要浪费”之意。
卜，即“要”。
扑澹，“破陋”之意。
袂，在闽南语里的读音是guai，“不”的意思。
捻卜，“采摘到”之意。
爱纠俭，“爱节约”之意。

第二篇 前世

铁观音于安溪的横空出世，在民间传说中，既有魏荫梦遇观音菩萨的神奇之说，又有王士让献茶、乾隆帝赐名的隆重之举，寄托美好愿景，祈望产销两旺。原本是深山中一株不起眼的低矮野树，只缘安溪这块土地滋润，只缘安溪人慧眼识得，只缘安溪茶农短穗扦插而广植，这才走出深山，走向世界，蔚然大观。

云中山芦苇湿地·刘全能 摄

第062页
王绪强 摄

追本溯源，铁观音最早出产于中国安溪，既汇流于中国六大茶叶种类，又角逐于世界饮料市场常名列前茅，应是因为中国茶叶之丰富而古老，中国茶叶文化之深厚而博大。《神农本草经》记载：“神农尝百草，日遇七十二毒，得茶而解之。”茶叶在中国最先以草药面目出现。陆羽《茶经》记载：“茶之为用，味至寒，为饮最宜精行俭德之人。”格物致知，饮茶在中国被上升至道德层面。《宋录》记载：“道人设茶茗，子尚味之曰：此甘露也，何言茶茗。”天长日久，茶叶这种寻常植物，在中国非但成了老少皆宜的日常饮料，而且成了无数茶客的嗜好与挚爱。

福建是中国茶叶发源地之一。福建泉州莲花峰有摩崖石刻“莲花茶襟”四字，其上注明刻记时间为“太元丙子”，即公元376年。这说明，早在东晋时期，福建就有了规模性的产茶。古人谓茶叶乃“天涵之，地栽之，人育之”，隶属于泉州的安溪，其地理特点是山多、泉甘、土赤，气候温和湿润，且茶树良种繁多，制茶技艺精湛，茶叶品质优良，是“天、地、人、种”四者兼得的古老茶区。

安溪境内有十余处高热温泉，属极软水；更有蓝溪、清溪切割山岭，穿行盆地，其“溪流清莹，顺下如驶”，以蓝溪水所制官桥豆干，以清溪水所制湖头米粉，均口感甚佳，历来为安溪著名土产。以管窥豹，可见安溪水质之好，于种茶、沏茶，乃得天独厚。

湖头米粉·陈巧思 摄

早在一千余年前，安溪首任县令詹敦仁，就有“活火新烹涧底泉，与君竟日款谈玄”品茗诗句留存于世；詹敦仁在任期间“为政德惠于民”，去世后因“民思之不忘，寇旱灾疠，禳祈响答”，宋度宗于咸淳八年（公元1272年）封其为靖惠侯，敕赐“灵惠”庙号，祥华乡美西村有灵惠庙至今香火不断。

灵惠庙·王绪强 摄

天地有钟灵毓秀之德，安溪有才子佳茗之胜。古谶“水流北地湾，安溪出状元”流传已久，果然到了清光绪六年（公元1880年），安溪兴二里有黄培松殿试一甲一名，状元及第；而在此之

李光地后代

云中山九十九湾入口·刘全能 摄

前，有湖头人邓启元殿试榜眼及第，授翰林院编修；有湖头人李光地殿试得第五名，官至文渊阁大学士兼吏部尚书。

地灵人杰，安溪人于识茶、植茶、制茶、品茶的悟性，仿佛出于本能。明万历《安溪县志》记载："茶名于清水，又名于圣泉。"前者指北宋高僧普足大师于安溪蓬莱山植清水禅茶树而闻名，后者指另一位北宋裴姓高僧于安溪驷马山植圣泉岩茶树而闻名。

安溪出名茶，自古层出不穷，而识茶者却不唯文人、高僧。在安溪，寻常茶农同样是识茶品茗的高手，更多好品种来自陌头村间。在民间传说中，大坪乡福美村有个名叫高占的年轻茶农偶然发现壁墙上有一株小茶苗，这就是毛蟹茶种的来历；芦田镇三洋村有个名叫杨奕糖的年轻农夫，给一个挑茶苗的老汉一碗粥喝，老汉送给他两株茶苗，这就是梅占茶种的来历。

安溪名茶黄旦的来历，则寄寓于一桩美丽的婚姻故事。当地习俗，新娘子出嫁满月返回娘家时，娘家要准备一件"带青"礼物让女儿带回，象征落地生根，早生贵子。安溪人首选的礼物往往是茁壮的茶苗，叫"对月换花"。黄旦也是茶农在石缝间看到的，培植成功后由一个名叫王淡的嫁女"对月换花"时带回夫家栽种。家庭因茶致富，夫妻幸福美满，丈夫林梓琴便以妻子名字的谐音命名为"黄淡"。后来，安溪茶商林宏德又把"黄淡茶"运销东南亚各国，华侨争相购买。林宏德据此茶汤色如黄金，奇香似丹桂的特征，改称为"黄金桂"。

安溪“民淳事简”，“俗尚朴野”。传说长乐里有这样一个神奇故事：明代有一个打草鞋的人叫李仲良，每日泡两缸茶，摆在岭头免费供行人饮用。有人过意不去，硬要付钱给他，李仲良就说：“你把钱丢进茶缸里，这钱能浮起来，我便收下。”那时候用的是方孔铜钱，自然浮不起来。有一天，一个穿长衫飘长须的人把一枚铜钱扔到茶缸里，这钱居然浮在水面，使李仲良惊讶不已。他忙抬头想问个明白，那人却不见了，据说他是八仙之一的吕洞宾。后人将李仲良称为草鞋公，修建浮钱庵祭祀他。

如浮钱庵传说一样，魏荫发现铁观音的故事，不仅在安溪民间口口相传，为安溪人津津乐道绵延至今，也见诸西坪松林头魏氏族谱，见诸林泗水在台湾修撰的《安溪县志》。而铁观音的另一个传说，则记述于清乾隆十二年（公元1747年），载于《南岩小引》，充满诗性色彩：

让于乾隆元年丙辰之春，与诸友会文于南山之麓，每于夕阳西坠，徘徊南轩之旁。窥山容如画，见层石荒园间，有茶树一株，异于其他茶种，故移植于南轩之圃，朝夕灌溉，年年繁殖。春初之后，枝叶茂盛，圆叶红心，如锯有齿，黑洁柔光，堪称无匹。摘制成品，其气味芳香超凡。泡饮之后，令人心旷神怡。辛酉是年，让赴京师，晋谒方望溪相国，携此茶叶以赠。方相国转进内庭，蒙皇上召见，垂询峣阳茶史，恩赐此茶曰“南岩铁观音”。

安溪之西坪，先有猎人乌龙逐獐子创制乌龙茶，后有茶农魏荫和文人王士让发现铁观音，仿佛造物安排，仿佛巧合偶然。较之于其他茶类，乌龙茶的制作方法最复杂。较之于乌龙茶其他品种，铁观音的色香味韵最玄妙。若唯天然，若唯人为，均不免失之偏颇。客观而论，铁观音于安溪的著名，乃天、地、人兼得于此。

王士让读书处

魏荫塑像

中国关于茶叶的文字记载，最早见于《神农本草经》："神农尝百草，日遇七十二毒，得茶而解之。"神农，是上古传说中中国农业之祖。不论第一个发现茶叶的人是谁，可以肯定的是，茶叶最早是作为药物为人所用的；后来茶叶被当作祭品，茶树青叶还被做成菜肴食用；之后僧人发现饮茶可以解除坐禅的瞌睡，于是在寺庙周围种植并广为施送，饮茶之风遂逐渐兴起。早期饮茶一度只在上层社会流行，是一种奢侈享受；后来文人雅士因茶之品性清雅，以茶修身养性，将茶纳入精神生活，几千年间发展出了博大精深的中国茶文化。

辽代《备茶图壁画》

茶叶到唐代才普及到全国，"虽穷荒之民不可一日无它也"，茶产业也蓬勃发展，同时政府开始征收"茶榷"（即茶税），设榷茶使，宋代、明代则设为茶马司。因茶产业渐渐成为一项重要的财政收入，封建王朝为禁止私自买卖、掌控茶叶产销，还颁布了茶禁，《宋史·食货志下六》记载："自唐建中时，始有茶禁"；宋代，斗茶蔚然成风，茶道体系已臻完备纯熟，对日本、朝鲜等国茶道的形成产生了很大的影响，而斗茶之风使民间争制好茶，又促进了制茶技术的提升。宋代茶商纳税后政府会发给茶引，作为茶商的运销执照；明朝廷为了减轻百姓的负担，贡茶形式由饼茶改为散茶，从此改变了茶叶的泡饮方式和制茶方法，影响至今；清代，中国茶类由绿茶发展出黄茶、黑茶、白茶、红茶、青茶，形成六大茶类，茶叶品种空前丰富，制茶技艺变化多端，茶叶出口也到达了高峰；而今天，茶产业已成为中国的特色民生产业，现有产茶县1000多个，不仅"茶为国饮"，中国的饮茶之风还传遍了世界。

唐代·摩竭纹蕾钮三足架银盐台
（唐代煮茶时加盐用）

虎邱骑虎岩寺中供奉的五谷仙公，即神农

“茶”的古体字“荼”一字多义，除茶叶之外，还有苦菜及茅草的白花等义。茶叶生产发展起来后，人们便将“荼”字简化为“茶”，一字专用。汉代时已有“荼”、“茶”两字，到唐代“荼”字渐渐为“茶”所代替。并且，唐代因茶叶普及民间，茶开始有了各种别名。陆羽所撰《茶经·一之源》中写道：“一曰茶，二曰槚，三曰蔎，四曰茗，五曰荈”，其中“槚”指茶树和苦茶，“蔎”是茶的别名，“茗”指晚采的茶，最晚采的茶是“荈”，早采者才是“茶”。而“茶”字的结构“人在草木中”，不仅表明茶为自然产物，也表明饮茶能使人回归自然，中国象形文字之生动与精妙可见一斑。

“茶”在古代也是对小女孩的美称。明朱有燉《元宫词》之二六有：“进得女真千户妹，十三娇小唤茶茶”，金元好问《德华小女五岁能诵余诗数首以此诗为赠》有：“牙牙娇语总堪夸，学念新诗似小茶”，下注：“唐人以茶为小女美称”。可能因为茶叶娇柔细嫩，纤纤之态宛若少女。“茶”字还象征长寿，因上部草字头与“廿”相似，中间的“人”字与“八”相似，下部“木”可分解为“八十”。因此，在中国人们将108岁的老人称为“茶寿老人”。

北宋·米芾书法

福建产茶历史悠久。泉州市区西郊九日山莲花峰的东晋石刻“莲花茶襟，太元丙子”，是目前福建发现的最早关于茶的文字记载。

到了唐代，产于福州的方山露芽，福州鼓山的柏岩茶，建州（今建瓯市）的腊面茶、武夷茶，剑州小江园（今南平市）的小江园茶已入名茶之列。最早将中国茶传播到日本的日本高僧空海和尚，于唐贞元二十年（公元804年）第一次来中国时，被飓风吹到福建霞浦赤岸海口，从那儿登上中国的领土。在赤岸逗留期间，空海和尚与当地官员民众往来频繁，还到过霞浦的建善寺。当时饮茶之风已盛行中国朝野，福建闽东一带遍植茶树，空海和尚所到之处，人们无不以茶相待。在赤岸，空海和尚第一次领略了中国茶的魅力，了解了茶叶的制作技术，并为博大精深的中国茶文化所折服。空海和尚后来就从长安将茶籽、种茶制茶技术和中国的饮茶之道随佛经一同带回了日本，并传播到日本各地。

九日山莲花峰石刻·王绪强 摄

福建建瓯北苑·崔建楠 摄

朝奉郎右正言同修起居注臣蔡襄上進

臣前因奏事伏蒙

陛下諭臣先任福建轉運使日所進上品龍

茶最為精好臣退念草木之微首辱

陛下知鑒若處之得地則能盡其材昔陸羽

茶經不第建安之品丁謂茶圖獨論採造之

本至於烹試曾未有聞臣輒條數事簡而易

明勒成二篇名曰茶錄伏惟

清閒之宴或賜觀采臣不勝惶懼榮幸之至

蔡襄《茶录》· 中国国家博物馆藏本

福建建瓯古瓷窑兔毫盏残片 · 崔建楠 摄

南唐王审知建立闽国后，福建建州北苑所产茶叶被选为贡茶。

到宋代，建州更成为贡茶的主产地，“北苑贡茶龙团凤饼”名盛一时。宋徽宗赵佶在《大观茶论》中写道：“至若茶之为物，擅瓯闽之秀气，钟山川之灵禀，祛襟涤滞，致清导和，则非庸人孺子可得而知矣；中澹间洁，韵高致静，则非遑遽之时可得而好尚矣。本朝之兴，岁修建溪之贡，龙团凤饼，名冠天下，而壑源之品，亦自此而盛。”其中，“瓯闽”即指福建建瓯。福建的斗茶之俗唐代就有，唐代冯贽撰写的《记事珠》中记有“建人谓斗茶为茗战”。到宋代，斗茶更是蔚然成风，并因此发展出了一种著名的瓷器品种——兔毫盏，产地就在福建建瓯。因斗茶时茶汤以白色为上，兔毫盏的黑釉上带有细密的银色细纹，能很好地衬托茶汤，因此风靡天下。北宋著名书法家蔡襄曾任福建转运使，负责监制北苑贡茶，创制了小龙团茶饼。有感于陆羽《茶经》“不第建安之品”，为了推荐北苑贡茶，蔡襄还写有《茶录》，书中记录了宋代斗茶的全过程，是继陆羽《茶经》之后最有影响力的论茶专著。

明成化年间，福建安溪西坪茶农发明了乌龙茶制作技术。作为中国制茶技术发展到巅峰的产物，乌龙茶制茶技术取绿茶不发酵和红茶完全发酵之中，采用半发酵的制作方法，其繁复、精湛、微妙、神奇，为世界制茶工艺之最。乌龙茶制作技术的出现，为我国的茶叶品种大家庭新增了一个成员——青茶，即乌龙茶。从此，中国以六大茶类之丰富多彩，雄踞世界产茶国之首。

明崇祯九年（公元1636年），安溪西坪人发明了茶树整株压条育苗法，随后逐年改进成为茶树短穗扦插育苗法。茶树短穗扦插育苗法开创了茶树无性繁殖的先例，解决了之前播种繁殖容易产生的变种问题，改变了中国植茶几千年来茶农在茶树繁殖上无能为力的状况，至今仍是世界上最先进、运用最广泛的茶树繁殖技术。

短穗扦插 · 叶景灿 摄

清雍乾年间，安溪人又发现并培育了乌龙茶中的精品——安溪铁观音。安溪铁观音的出现不仅直接促动安溪茶商开始出洋经销茶叶，还推动了福建茶产业的繁盛。安溪铁观音发现后便传播到闽北、台湾，逐渐远及浙江、云南、四川、安徽等产茶省以及越南、泰国、印尼等产茶国。

叶景灿 摄

气候、海拔、土壤、水质等生态环境的适宜及茶树品种的丰富，使安溪产茶成为必然。

安溪，地处福建省东南部，东经117°36′—118°17′，北纬24°50′—25°26′，属我国东南丘陵区，海拔高度从50多米至1600米。安溪西部为戴云山脉的主体部分，地势高峻，平均海拔600—700米，称为“内安溪”；东部以低山、丘陵为主，兼有盆地，平均海拔300—400米，称为“外安溪”。安溪居山而近海，受山地气候和海洋性气候的双重影响，横跨中亚热带、南亚热带两个气候带。

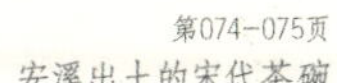

第074-075页
安溪出土的宋代茶碗

红壤

安溪在远古时多次经历岩浆活动，使原来的沉积岩系变质，金属矿产迁移富集，成为工业矿体。安溪境内矿产资源丰富，已发现的有煤、铁、锰、铅、锌、稀土、石灰石、高岭土、花岗岩等。古代安溪冶金、冶银、冶铁业发达，遗址遍及五阆山周围七个乡镇，其制品，自五代迄清“入海货诸东南夷人”。至今，冶铁工业仍是安溪的主要财政收入；宋代，伴随着茶产业的兴盛，安溪开始用高岭土烧造瓷器。1974—1988年，经考古调查，在魁斗、龙门、龙涓、长坑、尚卿等地共发现古窑址155处，其中宋元36处、明清119处，以生产青白瓷、青花瓷为主，还有白瓷、黑釉瓷、黄釉瓷等。瓷种包括碗、盘、盏、瓶、壶、杯、罐、灯具等，尤其龙门桂窑烧制的青瓷碗，在日本被称为“珠光青瓷”。安溪瓷窑规模一度仅次于德化，居全省第二，为古代泉州重要的外销瓷产地；内安溪还有独特的酸性红壤，PH值在4.5—5.6之间，土层深厚，有机质含量丰富，且黏性极好，晴天能保水，雨天不积水，俗称“红油泥”，最适于茶树生长。

安溪境内溪流纵横交错，有晋江西溪和九龙江北溪两大水系。泉州母亲河——晋江西溪发源于安溪桃舟乡达新村，从西北流向东南，流域面积1972平方公里；九龙江北溪在安溪境内的流域面积为1070平方公里，流向西北。因水力资源丰富，安溪水利电力事业很发达，全县有水电站几百座。而水质的良好，使得泉州晋江大部分地区至今仍以西溪水为饮用水。并且安溪山区多矿泉、山泉和坑洞水，外安溪多井水，正合百姓泡茶所需。

大坪瀑布·王乃通 摄

安溪自古山青林密，境内千米以上的高山有一千多座。古时，安溪每年都有大宗竹木产品经蓝溪放筏到泉州转销，是泉州木材的主产区之一。传统的制茶工具也是就地取材，多为竹制；安溪曾被评为福建省果树品种最多的县，果树品种有柿、芒果、柑橘、龙眼、荔枝、菠萝、香蕉、杨梅、桃、李、梨等四十几种。城厢后垵*盛产的油柿，据传说树种是先民从中原迁入时带来，所制柿饼是安溪传统的茶点；安溪境内茶树品种也很丰富。在剑斗发现的野生茶树，树高6.5米，径围58厘米，冠大3.2米，经茶叶专家鉴定，树龄已有1000多年。在漫长的生产实践中，安溪茶农选育出许多茶树优良品种。1984年，铁观音、黄旦、本山、毛蟹、梅占和大叶乌龙6个品种被定为国家级良种，佛手被定为省级良种。1998年又新选育出省级良种凤圆春、杏仁茶等，安溪因此被中国茶业界誉为“茶树良种之宝库”。

注：垵，埯的繁体字，作名词时指“点播种子时挖的小坑”，闽南地区常以此作地名。

第077页
剑斗野生古茶树·王绪强 摄

竹制制茶工具

安溪茶叶的主产区内安溪，有“云雾山中出好茶”之说。内安溪群山环绕，泉甘雾多，年均降水量达1700—1900毫米，年平均气温15—18℃，无霜期260—324天，相对湿度78%以上，当地俗语有云：“四季有花常见雨，一冬无雪却闻雷。”

柿饼·黄民生 摄

安溪县保护
剑斗镇人民政府
野生茶树

安溪民居木雕

考古发掘表明，安溪的人类活动始于4000多年前，新石器时代蓝溪两岸已有人类生息繁衍。安溪周时为闽越地，秦时属闽中郡，汉初属会稽郡，后为冶县地，三国时属吴之建安郡，晋代为晋安郡，隋唐时为南安县地，唐咸通五年（公元864年）置小溪场。

跟福建其他许多地方一样，安溪文化的兴起主要源于中原文化的南移。唐代至五代南唐，河南光州一带有不少文人墨客避乱前来安溪潜隐定居；宋代，安溪创办县学，随经济、贸易、交通的发展，文化和人才的内外交流亦趋于繁盛；清代，安溪文教兴盛，康熙、雍正、乾隆年间，全县进士、举人就有215人。

清朝名臣李光地，安溪湖头人，其家族以书香传世，有“四世十进士七翰林”之荣，八世祖即明代捐银打通湖头至泉州水路的李森，康熙曾赐“急公尚义”匾以褒其功。李光地，字晋卿，号厚庵，别号榕村，清康熙九年（公元1670年）中进士，进翰林，累官至兵部侍郎、直隶巡抚、吏部尚书、文渊阁大学士。李光地入阁13年，与康熙“情虽君臣，义同朋友”。李光地病逝后，康熙谕诸臣：“李光地谨慎清勤，始终一节，学问渊博，朕知之最真，知朕亦无过光地者。”李光地强调“读书最怕是无疑”，主张学者要务实，从政后手不释卷，被尊为闽学学派领袖，其著作颇丰，有《榕村全集》175卷留世。湖头尚存有李光地故居四进，而李光地在北京板章胡同的官邸，后来捐作安溪会馆之用。

湖头李光地故居

虎邱骑虎岩

安溪茶业发展之初，寺僧植茶也起了很大的推动作用。建于唐末的阆苑岩寺门联：“白茶特产推无价，石笋孤峰别有天”，联中所提“白茶”即阆苑岩寺僧种植的茶叶，奇香扑鼻，质高无价，至今仍存有数株；五代后周开先县令詹敦仁的茶诗《龙安岩悟长老惠茶，作此代简》：“泼乳浮花满盏倾，余香绕齿袭人清。宿酲未解惊窗午，战退降魔不用兵”，记录了他卸任后到归善乡依仁里（今龙门镇溪瑶村）龙安岩造访住持时，住持送的好茶；到宋代，供奉清水祖师的清水岩寺所产的岩茶、甜茶、杏仁茶已是闻名遐迩，至今清水岩寺仍产甜茶和杏仁茶；宋代安溪驷马山的圣泉岩，有裴姓高僧植圣泉岩茶，并传授植茶技艺与乡人；清代骑虎岩的寺僧又嫁接栽培出了佛手，并传到泉州永春县，成为永春乌龙茶的当家名品。

后梁开平三年（公元909年），因愤慨于四镇节度使梁王朱温弑唐昭宗及哀帝，旧唐官员廖俨与好友韩偓偕同入闽，廖俨隐于小溪场，韩偓隐于南安丰州。安溪百姓听说廖俨是前朝忠良，便推举廖俨为首领。廖俨于是带领百姓除暴安良，并招集流民开发蓝溪两岸，安溪民间因此历代传有“未有清溪县，先有廖长官”之说。在归隐期间，廖俨、韩偓互访频繁，韩偓在《信笔》一诗中写道：“石崖觅芝叟，乡俗采茶歌”，可见五代初期安溪民间植茶已逐渐发展起来。

五代后周显德二年（公元955年）设清溪县后，县令詹敦仁以茶为立县之本，大力推广茶叶种植制作技术，为安溪茶叶产业化之发端。彼时，地方上“土有茶谷桑麻之出，地多麟麂禽鱼之产”。

清乾隆丁丑版《安溪县志》上的安溪县境全图

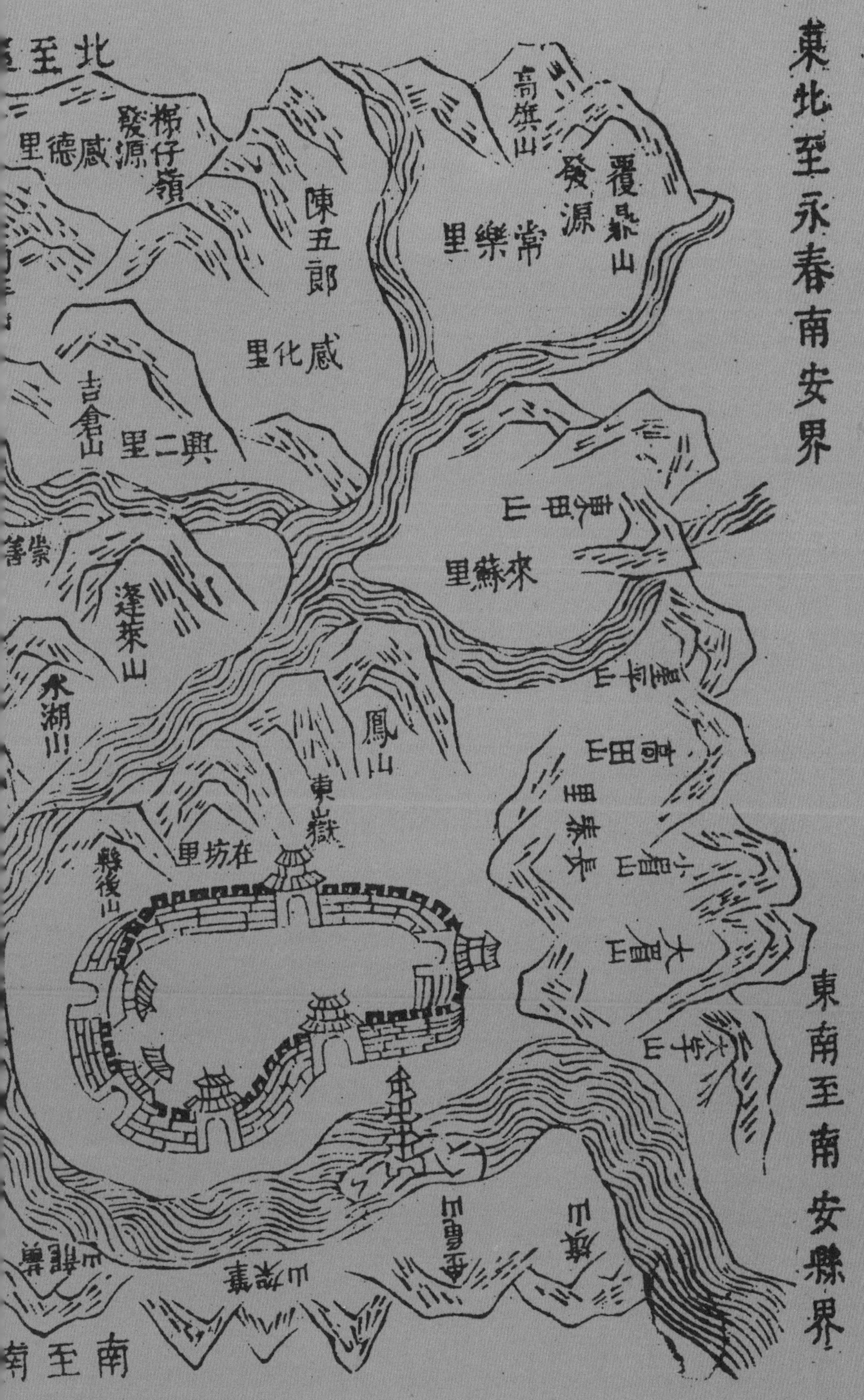

東北至永春南安界
北至
覆鼎山
發源
常樂里
高旗山
陳五郎
梯仔嶺
發源
感德里
感化里
吉倉山
興二里
東甲山
來蘇里
崇善
逢萊山
冰湖山
鳳山
東嶽
在坊里
高田山
長泰里
小眉山
大眉山
東南至南安縣界
南至

到了宋朝初年，安溪焙茶工艺已普及民间。曾任吴越王钱俶部下二十年的福州人黄夷简，在北宋统一中国时称疾隐居于清溪别业，曾作诗句“宿雨一番蔬甲嫩，春山已焙茗旗香”。

宋代，除了清水、圣泉等名岩产名茶外，安溪民间制茶也很普遍。伴随着泉州刺桐港的兴起，安溪茶叶开始出口海外，饮茶也成为人们生活中重要的部分。建于宋咸平四年（公元1001年）的安溪文庙为供奉孔子之所，一度曾作为学校，是安溪人尊儒重教传统的体现。安溪文庙是宫殿式建筑，又有典型的闽南建筑特征——红砖白石、出砖入石、飞檐翘脊。在文庙戟门两侧各有一幅砖雕，左侧一幅便是茶席，雕有书案茶具、花瓶香炉、牡丹梅花；右侧则雕有文房四宝、花篮酒具、蔬菜瓜果。可见当时安溪饮茶之讲究，已与行文饮酒并肩。

安溪文庙茶席砖雕·王绪强 摄　（下图）安溪文庙

第084-085页
安溪文庙藻井

元代，伴随着泉州刺桐港的鼎盛，安溪茶叶出口量大增。

到了明代，安溪茶叶的种植和制作技艺步入鼎盛的发展时期。明嘉靖时的《安溪县志》载："茶，龙涓、崇信出者多"，"安溪茶产常乐、崇善等里，货卖甚多"。"崇信"即今天的西坪、芦田、祥华、福田等地。可见，到明代中叶，安溪茶叶生产已遍布安溪西部的大部分山区和东部的不少地方，茶叶贸易也很繁荣。

清雍乾年间，安溪西坪人又发现了铁观音茶树，从此开启了安溪茶产业的辉煌时代。借力于铁观音，从清乾隆五年（公元1740年）开始，安溪西坪、大坪、虎邱罗岩等地大批茶商漂洋过海，将茶叶生意做到了东南亚各国。同时，安溪茶叶还通过厦门、广州等口岸销往海外。茶业也成了安溪人的主要收入来源，清初阮旻锡的《安溪茶歌》写道："安溪之山郁嵯峨，其阴长湿生丛茶。居人清明采嫩叶，为价甚贱保万家。"

林思宏 摄

第088-089页
王绪强 摄

第二次世界大战期间，安溪茶叶的主要外销口岸——厦门、汕头相继沦陷，茶叶外销中断，大片茶园荒芜，大量茶厂倒闭，茶叶生产濒临绝境，当时有民谚"金枝玉叶何足惜，'观音'不如菜豆叶。茶叶上市无人问，砍下茶树当柴烧"，真实地反映了茶产业停滞下安溪的民生艰难。

新中国成立后，政府恢复发展茶叶生产，大力推广茶叶生产新技术，安溪茶产业才逐渐恢复了元气。

蔡保同 摄

而在安溪历史上，还有无法忽视的一次次天灾人祸——倭寇侵扰、土匪作乱、军阀混战、地震、台风、水灾、旱灾、瘟疫。一千多年来，安溪茶产业就是在这样动荡的环境中一路踉跄，却始终屹立不倒。

安溪，繁华喧嚣之外的一片土地，青山绿水、阳光雨露滋养出片片青叶，又经善于制茶的安溪人之手，于是酿出这一杯杯甘美纯粹的自然之味。

第三篇

茶法

第094-095页
叶景灿 摄

铁观音于种植时期的柳弱花娇，于制作阶段的繁难细致，于品饮过程的复杂讲究，均迥异于其他茶品而别具一格。身为乌龙茶中的佼佼者，铁观音既有绿茶的清香且比绿茶更雅致，又有红茶的醇厚且比红茶更浓郁。绿茶、红茶，或不发酵或全发酵，各执一端，不甚通融；而半发酵的铁观音，则中庸致和，吻合于中国传统文化，唯中国人最喜品味，最能品出味道来。

中国是茶叶的起源地，也是茶文化源远流长且博大精深的古老国度。中国人于修身养性的最高意致，乃天人合一而无挂无碍；其行为如郑板桥“扫来竹叶烹茶叶，劈碎松根煮菜根”之随意，待客如杜耒“寒夜客来茶当酒，竹炉汤沸火初红”之温馨，悟道如赵州和尚“吃茶去”之平常，对待人生如白居易“无忧无乐者，长短任生涯”之自在而自然。相比之下，起源于中国的日本茶道，则过于注重品茶的程式及气氛；同样起源于中国的英伦下午茶，则过于讲究佐茶的食品及器皿。

终生与安溪铁观音结下不解之缘的张天福，是当代久负盛名的中国茶叶专家之一。他认为中国茶文化，当以“俭、清、和、静”四字概括；进而言之，“茶尚俭，就是勤俭朴素；茶贵清，就是清正廉明；茶导和，就是和衷共济；茶致静，就是宁静致远。”

功夫茶盛行于台湾、广东潮汕及福建闽南厦漳泉地区。“功夫”一词的常用词义，一是指空闲时间，二指造诣程度；顾名思义，功夫茶既要花费相当的时间，又要具备相当的学问。以品茶程式而论，起源于宋代的中国功夫茶，虽远不及日本茶道之繁复，但于中国本土，却是最为讲究的一种。宋代诗人苏辙感叹“闽中茶品天下高，倾身事茶不知劳”，指的就是这种功夫茶。

清代施鸿保在他的《闽杂记》中说：“漳、泉各属，俗尚功夫茶，茶具精巧。杯极小者，名若琛杯，茶以安溪乌龙茶为尚。”传统的功夫茶，至少有十余种茶具，有茶壶、茶杯、茶洗、茶盘、茶垫、水瓶、水钵、龙缸、砂跳、羽扇、钢筷、红泥小火炉等，洋洋大观，令人眼花缭乱。其冲茶的程式，又有治器、纳茶、候汤、冲茶、刮沫、淋罐、烫杯、洒茶等；单是治器，就有起火、掏火、扇炉、洁器、候水、淋杯六个动作，令人目不暇接。而究其原委，应是乌龙茶制作工艺复杂，其内在蕴蓄丰厚，饮茶时唯有专注于复杂程式，逐渐进入平和心理状态，方可静心品味，品出茶香，

悟出道理，生出意境——或“暗香浮动月黄昏”，或“江云有影月含羞”，物我两忘，天人合一。

安溪人饮茶，是典型的福建功夫茶，以品用铁观音为主。铁观音于功夫茶可谓相得益彰。功夫茶的细腻手法，使铁观音之兰花香、观音韵充分显露；而铁观音的“七泡有余香”，亦使功夫茶之细腻手法有充分表现。品鉴铁观音，是一门高深的学问，必须经过长期实践，方可掌握要领。安溪茶馆不多，安溪茶馆又很多，因为家家户户都是一家茶馆，泡茶器具一应俱全。茶具一般有七件，叫“茶房七宝”，就是电热水壶、白瓷盖瓯、茶杯、茶夹、茶海、茶滤网和茶盘。这里的男女老幼喝茶，朋友亲戚喝茶，早上喝晚上喝，出门喝办事喝，邻里之间有纠纷，茶杯一端，气消大半。当地法院还专门辟了茶室调解民事纠纷，铁观音成了和谐社会最好的调节剂。一杯在手，不论身份，不分尊卑，都能其乐融融。

在安溪，人人都是泡茶品茶评茶的行家。经常可遇见铁观音品鉴高手，稍一观形闻香即可定出茶叶的优劣。技艺高者还能判断该茶产于何乡、何村、何山，有的还能品味出出自哪位茶师之手。就有一位人称“茶仙”的陈水潮，从小浸淫在铁观音的世界里，种茶制茶，品茶斗茶，爱茶痴茶，以茶为命，茶不离身。他走一处喝一处，喝一处评一处，是高是低，心中有数，不少人故意变着法子要考他，陈水潮都一一过关了。安溪人都知道陈水潮的功夫，只要他在某村歇脚，三乡五邻的人就会寻踪而至，从怀里兜里掏出好茶，让他品尝指点，而能让他颔首的，身价就会倍增。他若进入哪家茶农家里，茶商也会闻风而至，抢购那家茶农的铁观音。

陈水潮泡茶·安宣 供图

从上至下依次为清香型、浓香型、陈年铁观音

铁观音茶种特别敏感，不同地域、不同土壤种出来的，往往味道差别很大；即使同一座山，山顶的和山下的，向阳的和背阴的，香味就大不相同。铁观音初制工艺特别复杂，要经过做青、炒青、揉烘三个阶段十几道工序，这十几道工序环环相扣、紧密相连，任何一点疏忽大意都会影响一泡成品的质量。铁观音是半发酵茶，半发酵的核心技术是“看天做青”和“看青做青”，就是要根据不同季节、不同气候、不同鲜叶（茶青）等情况，依靠茶农的经验悟性，施以灵活技术，使茶青发生一系列的物理、化学变化，形成其独特的内质。再以包揉、烘焙等塑形工艺，把茶叶揉成紧结圆实的外形，形成安溪铁观音的独特风格。

优质铁观音茶条卷曲、壮结、沉重，呈青蒂绿腹蜻蜓头，色泽鲜润，砂绿显，红点明，叶表带白霜。取少量茶叶放入茶壶，可闻当当金属声，清脆者为上。其汤色金黄，浓艳清澈，茶叶冲泡展开后，叶底肥厚明亮，叶背外曲，且有绸面光泽。其茶汤香味鲜爽飘溢，启盖端杯轻闻，顿时芬芳扑鼻，满室生香，馥郁持久，令人心醉神怡。

安溪铁观音成品主要分清香型、浓香型和陈香型三种，清香型香气高强，馥郁持久，花香鲜爽，醇正回甘，观音韵十足，茶汤金黄绿色，清澈明亮，于口、舌、齿、龈间，均有清锐的刺激感受；浓香型为传统烘焙方式制作，其干茶肥壮紧结，色泽乌润，香气纯正，带甜花香或蜜香、粟香等，其汤深金黄色或橙黄色，醇厚甘滑，叶底带有余香，可经多次冲泡。斟饮之间，方丈之地，便有了春的清幽、夏的炽热、秋的醇厚、冬的清冽，令人回味无穷。

清香型、浓香型铁观音原料长时间醇化而成陈年铁观音，民间称其为老茶。安溪民间的老茶很多，近年商家开发出不少品牌，如“密码1989”、“清溪怀古”、“陈年28”、“盛世中华1992”等，渐成市场新宠。铁观音不仅品质优异，还富含对人体健康有益的茶多酚、蛋白质和氨基酸等营养成分，且远高于一般茶类，具有减肥健美、抗动脉硬化及防癌抗癌等多种功效。1977年，日本慈惠医科大学的中村治雄博士经过临床实验发现，经常饮用安溪乌龙茶铁观音，能降低胆固醇和体重。此结果一公布，铁观音迅速风靡日本，日本人把铁观音称为“减肥茶”、“美容茶”、“长寿茶”。而陈年铁观音性温，更有暖胃、补气、降脂、降压、

南音·陈世哲 摄

第102-103页
包揉·黄东华 摄

安神等药理保健作用，海峡两岸民间共同信奉的医神——保生大帝出生在安溪，他生前行医时就巧妙地以陈年铁观音入药，普救百姓贫病。优质陈年铁观音是铁观音茶叶中的高级茶品，经烘焙冷却后密封，置于石木结构的特别仓窖中储藏，窖内酷暑不热，严寒不冷，促进其后熟，使之沉香凝韵，绵甜甘醇。

建于宋代、供奉保生大帝的安溪感德石门玉湖殿，保生大帝的出生地就在感德镇石门村。

安溪人于日常生活有两件事颇为自得，一是听南音，二是泡功夫茶。南音又称泉州弦管，起源于唐，形成于宋，自宋代起由中原传入闽南，是中国音乐文化的活化石，目前仅流行于闽南及台湾、南洋群岛华侨居住地区。其曲调优美，节奏徐缓，古朴幽雅，委婉深情。而南音与功夫茶，均古雅而韵味悠长，可谓异曲而同工。

安溪茶乡诸多村落有唱铁观音戏的习俗留传至今。每年农历五月十六，春茶已经做完，全村人便出钱请来戏班子唱戏，一是谢天酬地庆丰收，二是祈愿茶叶卖个好价钱；而铁观音戏的主要节目，便是南音、高甲戏及布袋戏。

在安溪，主人给客人斟茶时，客人往往以右手中指和食指三叩茶桌，据说这个习俗跟乾隆皇帝有关。一次乾隆微服出访时，给随行大臣斟茶，该大臣诚惶诚恐，忙用两指三叩茶桌，以示两脚跪地三叩头。相习成风，在闽南及广东潮汕地区，这成了客人对主人表示敬重与谢意的一种特殊方式，外地人往往知其然而不知其所以然。

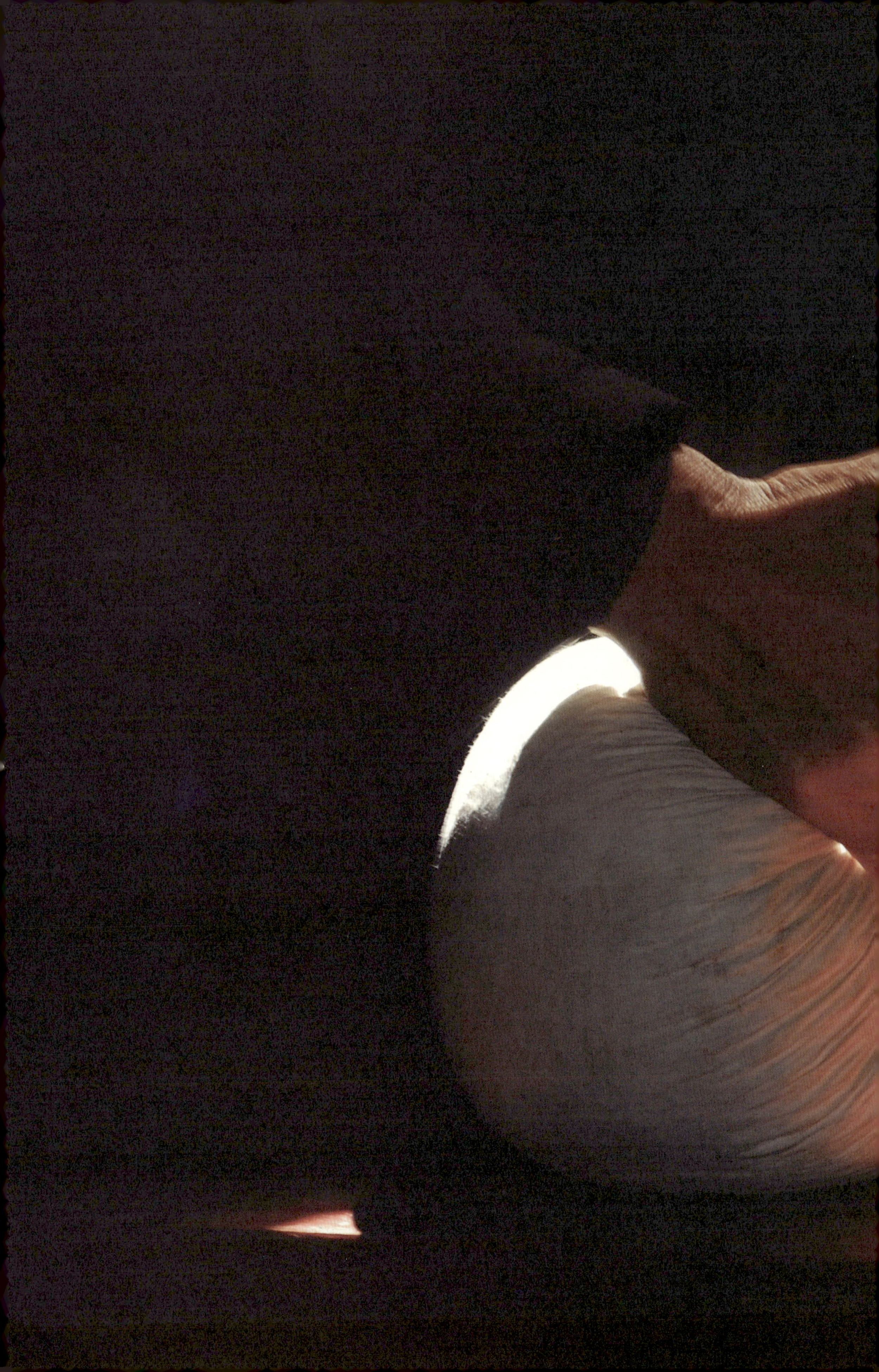

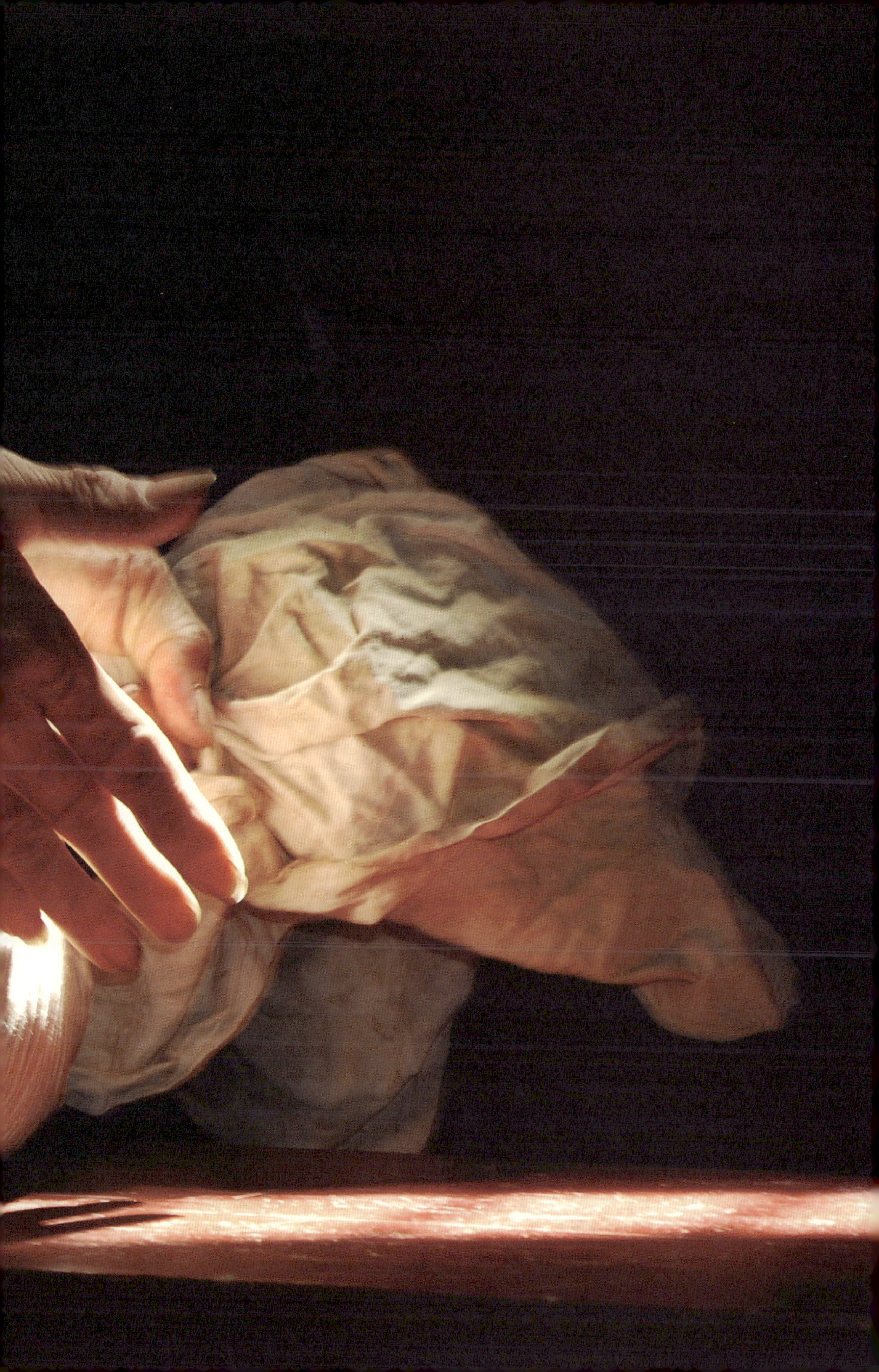

中国人的一生，人事扰攘不休。中国人因此需要各种精神解脱，于是将吃穿住用行无不穷究成学问，结果造就了赫赫一派中华文明，博大精深、瑰丽神秘。茶，就是中国人修身养性、沟通他人、超脱尘世、亲近自然的一种方式，也是中国人的一种精神解脱。

周作人说喝茶：“得半日之闲，可抵十年的尘梦。”品茶即是品人生，在袅袅茶烟之中，我们释放累积于心的疲累悲苦，了悟生命之玄机，平心静气、悠然怡悦。一杯热茶，至少是这冷暖不定的人间一个笃定的安慰，是人生奔波流离之途一处清喜的水泽。而茶也映照着人生，谁不曾如新茶一般清新奔放，而在岁月的淘练之后，无不沉着内敛如一杯绚烂至极归于平淡的陈年铁观音。

中国道家提倡天人合一，回归自然、隐遁于世历来是无数中国人的梦想，由此更发展出独树一帜的“中国隐逸文化”。一杯蕴藉天地精华的茶，不仅能唤起中国人对宁静松适的大自然的想象，还能让中国人于素朴茶味中体会自然丰饶之美，在玄妙意境中感受物我玄会。

清末·钱慧安《烹茶洗砚图》

林思宏 摄

武夷山天心永乐禅寺
"万语与千言，不外吃茶去"碑
崔建楠 摄

唐代赵州(今河北赵县)有一个从谂禅师，人称"赵州古佛"，嗜好饮茶，活到了120岁。从谂禅师每说话前必说"吃茶去"。在赵州观音院禅修时，有僧来拜谒，他问来者："曾到此间否？"僧答："曾到。"从谂说："吃茶去！"又有僧来观音院，从谂问："曾来此间否？"僧答："未曾来。"从谂说："吃茶去！"院主不解其意，遂问禅师："何以来者说'曾到'或说'不曾到'都说'吃茶去'？"从谂禅师照说："吃茶去！"后世的赵朴初作诗释其意："空持百千偈，不如吃茶去"，就是说遍读佛法也不如吃茶能解脱世间的一切烦恼。从谂禅师的"吃茶去"，其实是以最简单的方式悟道，如佛经所言："一砂一世界，一花一天堂"。

中庸是儒家的一种主张，中庸即指待人接物不偏不倚、调和折中、因时制宜、无过无不及。孔子认为中庸是最高的道德标准，也是解决一切问题的最高智慧，因此中庸之道极难把握，但历代儒生却奉之为处世之道。

中庸也是安溪铁观音的特色所在，它不仅口感取红茶、绿茶之中，其种植、制作也深得中庸之道。

清水岩甜茶据传为清水祖师亲手栽培，移植就难以成活，铁观音之敏感、娇贵却是出自天生。安溪境内多山，山的屏障孕育出许多星罗棋布的小气候，即“微域气候”，安溪因此有“隔山不同风，同时不同雨”之称。要种出高品质的铁观音，开辟新茶园时就要考量海拔、地形、土质、光照、温度、风向、湿度等因素，但海拔不是越高越好，土质也不是越肥越好，一切都以合适为宜；而在茶园管理中，不仅要做好耕作、填土、修剪、施肥、灌溉、防治病虫害、防寒防热等常规工作，还要保护茶树生长的大环境。金谷镇华芸村的生态茶园保留着山顶原有的树林植被，连茶树间的杂草也留着。他们认为杂草的甜味可以中和茶叶的苦涩，并且茶树原本也是一种野生植物，与其他树种、杂草相互依存，茶叶的香气才清纯自然。

清水岩甜茶·王绪强 摄

安溪铁观音从鲜叶到毛茶，要经历采摘、晒青、凉青、摇青、炒青、揉捻、初烘、包揉、复烘、复包揉、烘干11道工序，其中晒青、凉青、摇青合称“做青”。这就是铁观音的初制阶段，这个阶段一般在茶农家中进行。

采茶最好选在北风天的下午1—3点进行。采茶时，要小心不折断叶片、不折叠叶张、不碰碎叶尖、不带单片、不带鱼叶和老梗。采好的鲜叶在运往做青房的途中，要避免风吹日晒、挤压损伤。

炒青·黄东华 摄

蔡保同 摄

第108-109页
林思宏 摄

鲜叶运到做青房后，就要及时将鲜叶摊开来。鲜叶不能摊太厚，一般10—15厘米就好，还要不时轻翻使之通气，这样鲜叶在呼吸过程中产生的水分和热量就能及时蒸发，而不至于蔫萎了。

铁观音鲜叶·郑煌专 摄

晒青一般选在下午4—5点，当太阳斜照、光线柔和之时，将鲜叶均匀摊放在竹篱或晒青埕*上，利用太阳光照射和吹风萎凋，让鲜叶的部分水分蒸发。晒青时间一般为20—50分钟。

晒青过后要将鲜叶移入做青房，薄晾于凉爽处的青架上，使鲜叶中各部分的水分重新分布均匀，并散发叶间热量。凉青时间一般是半小时到一小时。

从上到下依次为：晒青、凉青

注：埕，闽南方言中指房子正门前的私人空地。

第110页
晒青·林思宏 摄

接下来是摇青。摇青是铁观音初制环节中最关键的一道工序，制作绿茶、红茶都不摇青。摇青的目的是经过4—5次反复的摇动和静摊，完成鲜叶的半发酵。半发酵不是50%的发酵，而是一个度的拿捏，要达到去除鲜叶中的草腥味而使铁观音特有的香气和韵味散发出来的效果。魏月德家族祖传的制茶秘方中就有“一摇均、二摇水、三摇香、四摇韵”的说法。科学研究表明，铁观音鲜叶的内含物质跟其他茶叶不同，芳香物质种类更多，含量更高。迄今为止，从铁观音鲜叶中共检出97种香气成分，其中10余种为安溪铁观音所独有，是各种鲜花和似果味香气。在摇青的过程中，鲜叶中低沸点的青草气成分得以挥发、转化，高沸点的花果香成分则显露出来。同时，伴随着内含物质的一系列变化，新的芳香物质大量形成。摇青这一环节最为复杂，一般要花费好几个小时。

做青环节结束后，要通过看叶色、嗅气味、摸叶温、照叶状分析鲜叶的发酵程度，以此判断合适的炒青时间。据西坪镇松岩村老茶师魏双全和魏团火的讲述，这个时候不仅家中长辈会在一旁指导，没在做茶的乡亲也会过来切磋技艺。有时各人对炒青时间的判断不一致，甚至会激动地吵起来。

从上到下依次为：摇青、摇青、炒青

等鲜叶发酵出观音韵，就可以起火开炒了。初时用手，等锅表面发烫后，就用两只木制的茶拨翻动炒制。炒青结束后要趁热完成“三揉三烘”，使茶叶紧结成形，同时依次用高温强火、低温慢火将茶叶烘干定型，这一过程也要几个小时。这之后毛茶就做好了。

从上到下依次为：包揉、揉捻、烘焙

第114-115页
铁观音毛茶

安溪铁观音的初制过程环环相扣，不能中断，所以做一次茶非常辛苦。新茶制好后，做茶师傅虽然已经很累，但还是会马上试泡新茶，与长辈、乡亲一起品尝，分析总结经验教训。如果村里同时有几家在做茶，每个人就会把各自刚做好的茶叶拿一些来“斗茶”，如果自己做的茶被众人推为好茶，那个做茶师傅就会感到无比地荣耀。

安溪有茶谚说：“芒种过，制茶无好货。立夏过，茶叶成柴粕。”为了赶在茶季结束前做出好茶，第二天做茶师傅又要开始做一批新采的鲜叶，如此周而复始，废寝忘食，往往一个茶季下来，都会瘦掉七八斤。

近年来，全球气候变化明显，适合做青的天气已经越来越少，安溪茶农靠天吃饭变得越来越难，空调制茶技术就渐渐成为必要，特别是夏暑茶两季。

安溪铁观音的精制一般在茶叶加工厂进行，包括筛分、拣剔、拼配、烘焙、摊凉和包装六道工序，其中拣剔、拼配和烘焙仍是手工操作。

拣剔就是从毛茶中挑出茶梗一类的杂质，可以纯净茶叶的品质。

挑茶梗·阎雷（Yann Layma，法国） 摄

第116页
揉捻器具·郑煌专 摄

拼配是一门奇妙的艺术，拼配师要凭经验、感觉和悟性，才能拼配出一泡好茶。各种茶叶的配量没有明确的比例，重要的是互相调和，取长补短，搭配出最好的色泽、嫩度、鲜度及滋味醇和度，等等。

烘焙是制作浓香型铁观音的关键环节。安溪老茶师吴传家认为烘焙的关键是选茶，烘焙之前要了解茶叶的性质、结构，才能确定烘焙的火候及时间。烘焙期间，每半小时还要再取一些茶叶来泡，以了解茶叶的烘焙程度，这样边喝边焙，直到焙好为止。

叶景灿 摄

在印度、斯里兰卡、肯尼亚等产茶国，茶叶生产已基本实现了机械化、标准化和工业化，茶叶因此失去了个体的灵魂，沦为大一统的单调乏味。而在中国，特别是在安溪，茶是一样神奇美妙的事物，只有靠人类的智慧、经验和悟性才能制出，因此安溪铁观音制作技术中最关键的部分至今仍要靠手工完成。每一泡安溪铁观音都忠实地记录着自己的身世——扎根过的土壤，呼吸过的空气，汲取过的雨露，接受过的烘焙。而对安溪老茶人而言，一把制好的茶叶在手，无须冲泡，它们的身世便已显露无余。

油茶籽，榨取的茶油含低胆固醇，可防治高血压、胃肠等疾病。

安溪铁观音独有的“观音韵”向来扑朔迷离，难以描绘。虽然海拔、水质、土壤、气候适宜才会有韵，但观音韵又同中国古老的书法、绘画等艺术一样，所涵盖的内容已远远超过了形式本身，能将人带入一种境界。《文心雕龙·声律》篇中写道：“异音相从谓之和，同声相应谓之韵。”观音韵就是与一种美妙的境界同声相应。吴传家说“有心才能会韵”，在他的个人经验中，一杯好茶的观音韵，好比住在高山茶园里，清早起来推开门，雾气浮荡之中，一瞬间阳光普照了全身，而新鲜空气扑面而来——那种心旷神怡，非言语所能表达。

茶叶在安溪，一直被当做一种具有神奇功能的万灵神药。

除了清香型、浓香型铁观音，陈年铁观音，安溪还有一种可以治病的“神曲”。“神曲”也叫“百草神”，是一种茶饼，制作技术据传为清水祖师所创，后来在清水岩寺的住持间代代相传。“神曲”的制作程序极为繁琐，是用清水岩的一百多种中草药，配以清水岩所产的茶叶制成。“神曲”可以治疗肚胀、消化不良、上吐下泻、脾胃虚弱等疾病，并且耐于保存。清水岩寺所在的蓬莱镇，一些村子的村民曾经从住持那里学到这种制作技术，现在一些人家中还留有祖先几十年前制好的“神曲”。早年一些蓬莱人出洋谋生便会带上“神曲”，一为防病，二来也借清水祖师的灵光护身。

神曲·王绪强 摄

安溪民间茶文化之纯朴、厚实、典雅、清明，随处可见。

到了安溪，你会发现，无论经济条件如何，家家户户都必有一套洁净的茶具、几泡待客的好茶；而不论茶农、茶商还是茶官，安溪人人泡得一手好茶——娴熟地冲水烫杯、泡茶分盏，一丝不苟、从容不迫；有客人来了肯定要泡茶，没人来就自斟自饮；乡间百姓在一天的劳作之后，也常常围坐泡茶。老人讲古，青年们交流茶经，孩子们则凝神听着，灯光下阵阵茶烟蒸腾而上。当得此时，茶的滋味已不重要，重要的是茶带来的、从琐碎生活中暂时解脱的松适和安乐。

在安溪，茶也是风俗。

“有空来泡茶啊”是安溪人日常见面时的问候语。

采茶时安溪人会唱茶歌。安溪茶歌有近千年的历史，在全县各个乡镇均有传唱，而以老茶区大坪、西坪、虎邱最为流行。每到新茶采摘或平时路上相遇，安溪人便要拦路对歌。茶歌即兴创作，脱口而出，语言通俗，音调简单。在精神贫乏的年代，茶歌是茶农的主要娱乐之一。茶歌大多反映茶农的生活感触，又以情歌居多，所以直到二三十年前安溪还有对歌成婚的风气。

婚宴敬茶·叶景灿 摄

对月换花·柯燕萍 摄

在安溪，人们还会将敬过神的茶叶泡来全家人分喝，他们相信神喝过的茶，人喝了就能平安健康。

古人多以茶为聘礼，下聘称“下茶”，女家受聘称“受茶”，聘金则称为“茶银”。在安溪，婚前办盘也要送上本地产的好茶叶；办婚宴时，新娘要逐席向宾客敬茶，宾客则要回以几句吉利话，比如“一杯喝到干，生个科学家”之类，俗称“四句头”；婚宴后新娘再一一向男方的亲人请茶（加红糖或冰糖的甜茶），跟着新郎称呼“阿爹”、“阿娘”，表示从此正式加入这个家庭，而亲人受茶后要送饰物压盅；婚后一个月，对月换花时新娘要“带青”回婆家，象征落地生根、早生贵子。

祭祖扫墓时茶也必不可少，清末八大诗人之一、安溪芦田人林鹤年在《福雅堂诗钞》中记有：“先观察性嗜茶，云初泡过浓，二泡味淡而香始出，特嘱弟侄于扫墓忌辰朔望时，作茶供，一如生时。”其拳拳之心令人动容。

古时，中国卖茶水为生的人就有敬祭茶神陆羽的风俗。而在安溪，种茶的人敬土地公，做茶叶生意的则敬关公。于是，安溪茶农家中必有土地公神位，而安溪人开的茶叶店里必有关公香案。茶农、茶商每天早起的第一件事，就是给土地公、关公上香。除此之外，茶农还在每个月的农历初二、十六日摆茶设果敬土地公，每个茶季前后礼敬之物更是丰盛。铁观音发源地西坪镇的西源村有一座建于清雍正四年的"三安寨"供奉着关公，因西坪做茶叶生意的人历来很多，三安寨至今香火不断。

安溪的茶叶店也不同于别处，其经营的特殊性在于往往要靠导购人员以其人格魅力，营造良好的品茶气氛招徕生意。对许多茶客而言，到茶叶店买茶是其次，品茶聊天反而更重要。

2009年，安溪县被文化部命名为"中国民间文化艺术（茶文化）之乡"。安溪成为文化部首次以部门规章形式确立的中国民间文化艺术之乡，也是经国务院认可的、以地域命名的文化艺术之乡。安溪实至名归。

关公塑像

三安寨

感德镇尾厝村新田坪供奉保生大帝的天心宫小庙，新田坪位于安溪最高峰云中山的核心区·吴添丁　摄

身处广大浩渺的自然宇宙之中，信仰有时是一种需要，提醒着人们心中要有所敬畏。种茶为生的安溪人，长久以来都是靠天吃饭，信仰对于他们来说就跟呼吸一样必要。他们在信仰中感念天恩，从信仰中找到生活的信心，又在信仰中寄托平安富足的愿望。同福建其他很多地方一样，安溪因多山而有百姓造神、泛神崇拜、佛道融合等现象。蓬莱镇一个70多岁的老太太，常在市集卖自己折的敬神的纸花，家里就同时供着灶君公、福德正神（即土地公）、清水祖师、观音、保生大帝和关圣帝君等九尊神。老太太虽然年迈却精神抖擞，知足而幸福。安溪人信仰众多，但他们的信仰同他们的务实理性并行不悖。2009年，文物普查人员在安溪剑斗镇一个供奉清水祖师的寺庙中发现了一块清代古碑，上面就记载着僧人种茶以筹资修庙的事迹。

清水祖师·朱庆福 摄

清水祖师是安溪人的主要信俗之一，被列入了安溪三件宝——乌龙茶、乌面祖师、过黑水的侨文化。从宋代开始，蓬莱人（蓬莱是清水岩所在地）每年开春时都会将清水祖师请下山去绕境巡游，庇佑人间一年风调雨顺、国泰民安。彼时，福建各地、台湾及海外的信徒都会云集蓬莱，瞻仰祖师的灵光。现在，清水岩寺的住持如慧法师仍然秉持各代住持留下来的传统，每天早起先泡三杯清茶供奉祖师。住持若要出门，出门前后都要先拜祖师，可见这种信仰已经融入了感情，不仅不是盲目，还将祖师当做家中长辈一般敬重。祖师下山巡游前，住持要跪乞祖师一半下山绕境，一半留在寺中守护山岩，乞毕，还要将炉中的香灰一半拨入随祖师下山的“火鼎”中，一半留在炉内。除清水祖师开春巡游外，安溪还有城隍春巡的习俗。

清水祖师春巡·朱庆福 摄

每年的正月初一，安溪人都是凌晨即起，洗过手脸就烧开水，泡新茶，备果品、茶配(糖品)，先敬天公，次敬土地公，再敬灶君，最后敬祖先。每敬一次茶，都要燃放鞭炮。正月初九是天公的生日，这一天安溪人会备下清茶美酒、三牲拜天公。安溪人祝寿或向天公许愿时（比如茶季前许愿做出好茶，茶季后还愿），则要请本地的法师按祭拜者的生辰八字选一个吉利日子，择时敬拜。天公就是神话传说中自然界的主宰者，即道家始祖玉皇大帝。

安溪乡间田头茶园随处可见乡民供奉的土地公神位（摄于感德镇尾厝村新田坪），乡民祈求保佑有好收成反映了茶叶生产靠天吃饭的特性 · 吴兴培 摄

旧时，安溪人视床如神，小孩出生、满月、周岁、受惊夜哭时都要敬床母，祈愿孩子白天好好玩，晚上好好睡。孩子长到16虚岁，还要在诞生的床前举行成年仪式。每年的除夕，妇人家也要敬床母。

除此之外，湖上乡白山同村的畲族还有敬盘古公的习俗，每年的立春、立夏、立秋、立冬四个节日，村民都会在村子大树下石龛中敬拜无佛像的盘古公。而基督教也于清同治六年（公元1876年）传入了安溪。

赖小兵 摄

安溪的地方戏曲传承悠久、戏种丰富。一些地方戏艺人平时种茶，闲时就粉墨登场，在村野戏台上、祖居宗祠中演出一场南音、高甲戏、歌仔戏或布袋戏，既自娱也娱人。

南音·陈巧思 摄

南音，又称南曲、南乐，历史悠久、曲目丰富，有“弦歌八百曲，珠玉五千篇”之称。传说清康熙五十二年（公元1713年），在康熙皇帝的六十寿辰典礼上，文渊阁大学士李光地挑选了五位精通唱和的南音高手到御苑献演。康熙听到南音弦管和鸣、抑扬顿挫、逸韵雅致，大悦之下赏赐了“御前清客，五少芳贤”的匾额，并赐予曲柄黄凉伞一把、金丝宫灯一盏，南音因此留传下了“御前清曲”的雅号。至今，南音演出时仍要支一把黄凉伞，更传统的南音舞台上还要摆设金丝宫灯。南音影响广泛，不仅高甲戏、歌仔戏的唱腔以南音唱腔为主，福建的其他地方戏曲也从南音中汲取了营养。

高甲戏，又名“弋甲戏”、“九角戏”、“大班”、“土班”，源于明末清初闽南农村流行的一种装扮梁山英雄、表演武打技术的化装游行，是闽南几个剧种中流传最广、观众最多的一个地方戏曲。安溪的高甲戏不仅丰富了一方百姓的生活，还成就颇丰。1983年4月，安溪县高甲戏剧团排演当地剧作家诸葛辂创作的古装讽刺喜剧《凤冠梦》，参加福建省戏剧会演，一举摘获剧本创作、演出奖等七个奖项。1984年《凤冠梦》剧本获得了全国优秀剧本奖，1985年安溪县高甲戏剧团进京演出，后来还出国到新加坡演出。1995年，诸葛辂创作的高甲戏《玉珠串》再度进京演出，获文化部文学创作剧作奖、中宣部第五届“五个一工程”入选作品奖和1995年曹禺戏剧文学奖。

歌仔戏亦名芗剧，“歌仔”指闽南的小曲、民歌。早期，以闽南歌仔为基础发展起来的民间曲种“锦歌”在闽南盛极一时，郑成功东渡收复台湾时将“锦歌”带到了台湾，很快在台湾广泛传唱，后来便逐渐发展成为歌仔戏。20世纪初，歌仔戏流行于台湾岛，不久又传回厦门等闽南地区及东南亚华侨聚居的地方。安溪的歌仔戏多数分布在与华安、长泰、漳平邻界的龙涓、虎邱、西坪、芦田、大坪等乡镇。

歌仔戏 · 崔建楠 摄

高甲戏中丑行的表演最具吸引力，是我国戏曲艺术中独具特色的表演行当·赖小兵 摄

《玉珠串》剧照·安宣　供图

安溪的布袋戏亦称掌中木偶戏，以当地闽南语演唱戏文，俗志有载："掌中班，削木为人，以手演之，事多稗史，与说书同。"有"木偶村"之称的虎邱金榜村，许多布袋戏剧团是由一家人或几家人组成的，祖孙、父子、夫妻、母女、兄弟同台演出，技艺也是代代相传。而布袋戏剧团轻装简载，木偶、行头装入木箱后挑担即行，便于深入山区的偏僻角落，在早年极大地改善了安溪山区文化生活贫乏单调的状况。

林海良·王绪强 摄

虎邱美亭村的林海良，是祖传的布袋戏艺人。在祖传的"假宜真"戏班中，林海良是主演，能唱男女老少、英雄小姐各种角色。在百姓建新房、谢天公或做佛事时，林海良就会被请去演出，一般是到安溪各乡镇、晋江、南安、永春等地，一演五六天。林海良家里也种茶，有三亩茶园，一年能产八担毛茶。因演布袋戏收入微薄，种茶仍是家中的主要收入来源，演戏只是他的副业。布袋戏也有鼓乐伴奏，包括锣鼓、唢呐、笛子、箫等，"假宜真"戏班中的乐手是林海良的两个同学，他们原本都是小学老师，因为喜欢布袋戏就辞职加入了林海良的戏班。林海良自编有茶戏《黄旦记》，闲时还写对联、旧体诗，也帮人写祭文做生死吊慰。林海良说虽然自己是家传的技艺，但布袋戏并不限于家传，村里的青年种茶之余对布袋戏感兴趣，来学的时候林海良都很愿意教。

田都元帅·崔建楠 摄

安溪的地方戏曲，同闽南其他地方戏曲一样，都奉祀"田都元帅"。田都元帅俗称"相公"，是南管的祖师爷。传说他是唐朝人，母亲是大户人家的小姐，吞稻粒怀孕，生下他后便丢弃在田埂上。过了一个月他母亲不忍心，就让婢女去看，发现他竟还活着，原来是毛蟹吐唾沫在喂养着他，从此抱回家中抚养。到了18岁，田都元帅都还不会说话，但文章做得极好，殿试时中了状元。皇后亲自拈花替他插在状元帽上，并赐他三杯御酒。结果田都元帅醉倒在金銮殿上，被宫女扶到龙床上去休息。睡醒后田都元帅因自知失礼而开口一笑，从此才开始说话，即所谓"十八年后开口笑，笑倒金阶玉女扶"。田都元帅精于乐器，唐明皇于是让他编御乐，编出的曲调后来传入闽南，成为南音、高甲戏和梨园戏的主调。因田都元帅长于田地之间，由毛蟹吐唾沫喂养，所以得名"田都"，其神像的脸上也常常绘有一只毛蟹。而信奉他的戏曲艺人，也往往不吃毛蟹，以报毛蟹之恩。

除戏曲之外，民谣民谚也是安溪民间文化生活的一个重要组成部分，安溪百姓惯于用这类插科打诨、机智百出的小段自娱。安溪民谣民谚流传下来的很多，其中与茶有关的也不少。有困难时期自嘲的"衫裤笑破无笑补"，有取笑别人的"龟笑鳖无毛"，有夸赞铁观音的："卜吃好茶着观音，要挽好茶顶三芯"，也有童趣十足的《天乌乌》："天乌乌*，要落雨。海龙王要娶某*。龟吹箫，鳖打鼓，水鸡*扛轿大腹肚，田团*举旗叫辛苦，火萤担灯来照路，虾公担盘目吐吐。"

蔡保同 摄

注：乌，在闽南语中与"黑"同义
某，闽南语中"老婆"的意思
水鸡，闽南语中的"青蛙"
田团，闽南语中的"蜻蜓"

重乡崇祖是安溪人的一大传统。不仅仅是安溪，中国人普遍都有思乡情结。中国人可以离家很远，但他们从来不会忘记故乡。安溪制茶能手陈双算在霞浦海防守备部队当兵时，曾遇到一对搭渔船偷渡回福建探亲的台湾父子，感念于他们的一片思乡之情，陈双算没有找他们的麻烦，这父子俩前几年还特地到安溪去看望他。

感德尾厝姜氏宗祠，建于明末清初，清朝中叶曾失火重修过。

台湾政坛的传奇人物，曾任台北市市长、“交通部长”、“政务委员”、“总统府资政”的安溪大坪籍乡亲高玉树，虽然其先祖在清康乾年间就举家浮海迁台，但高玉树一直心系故土。1992年、1994年，高玉树两次专程回乡寻祖，均是无功而返。1999年，高玉树又携幼子回乡，终于在大坪乡福美村赤溪找到了高氏上派五房的祖庐。尽管祖庐已经倾圮荒芜，但高玉树满怀激动，不顾87岁的高龄，三跪拜祖。

西坪王氏宗祠

安溪再偏僻的村子里，每一姓都会有一座祖祠。既使没有足够的钱把祖祠修得高大宏伟，族人们也会将祖祠收拾得干干净净。一些建筑规模较大的祖祠如土楼之类，还会有族人自愿住进去守护。岁时年节，到祖祠中祭拜已成惯例。而守护祖祠的不仅仅是本地的族人，一些移民海外的安溪侨亲也常常回乡祭祖，并积极捐款修建祖祠。泉州名祠之一的城厢镇后坡谢氏宗祠举行落成庆典时，有两千多名谢氏宗亲专程从海外回乡参加。

城厢后坡谢氏宗祠

安溪文庙的天灯图案

安溪各大姓都有自己的族谱，大多按“三十年修一次谱”的俗例，每30年由族中老人组织或聘请修谱先生续修、重版族谱。族谱重修完成后，族中要举行隆重的圆谱祝灯庆典，请和尚道士做法事，祭拜天地、神灵和祖先。同时，家家户户杀猪宰羊，宴请宾朋。庆典结束后要封谱，就是把族谱收起来，以后若要查看则需点香求佛。因“灯”与“丁”谐音，“祝灯”即祈愿族中人丁兴旺。安溪人还常在住宅的阳台上悬挂一盏灯，叫“天灯”，而安溪文庙许多建筑的侧墙屋檐下也有精美的彩绘天灯图案。

族谱中记载的谱序、宗族世系、历代名人等内容，不仅有助于后人追溯宗族源流，还为研究地方的变迁、民俗风情的演变留下了丰富的资料。

对安溪人而言，几百几千年间延续下来的血脉，既是一种骄傲，也是内心的一个依靠。

安溪是福建省重要的侨台胞祖籍地之一，安溪侨亲主要分布于东南亚、欧美等30多个国家。其中，安溪籍台胞有200多万人，约占台湾人口的十分之一；海外安溪侨民及后裔已达120万人，比安溪总人口还多。

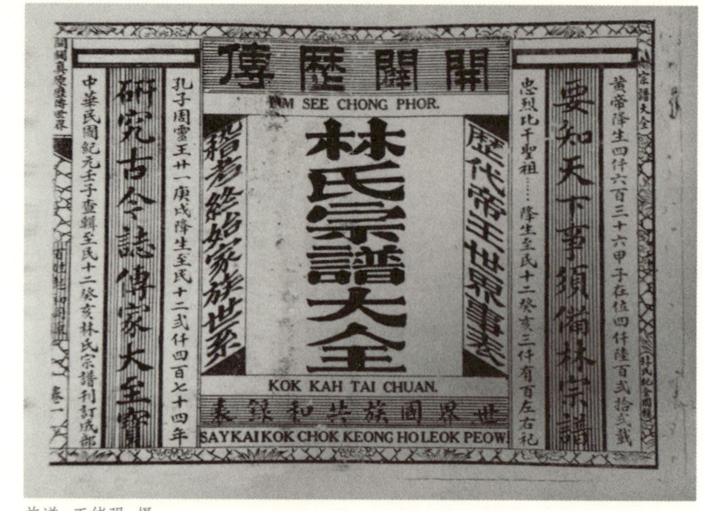

族谱 · 王绪强 摄

安溪乡亲虽然身处天涯海角，却一直牵念着故乡。出海谋生的安溪人，不仅把收入汇寄回家赡养亲人、兴建房屋，还在民国时期国民党抓丁派款，安溪百姓不堪重负时，汇款回乡支援。新中国成立后，安溪在外乡亲更是积极投资建设家乡，捐资在家乡造桥修路，兴办各种公益事业。

华侨祭祖 · 黄民生 摄

安溪乡亲也为家乡的茶产业振兴作出了贡献。侨居新加坡的西坪镇松岩村人魏荣南，为了鼓励乡亲提升制茶技艺，在1991年就回村举办了“松林头魏氏铁观音茶王赛”；1995年又以前所未有的500克5.8万元的价格，买走了“西坪铁观音茶王赛”上茶王的茶叶；魏荣南的父亲魏宜转，1927年到新加坡创办了“南苑”茶庄，后来又发起成立了新加坡华人茶叶同业公会。民国时，魏宜转为了保护家乡不受战火摧残，曾出钱在国民党和土匪之间调解，除了头目，他还在每个饭团里包上三块银元犒赏其手下；新中国成立后，魏宜转又回乡创办了松尧初级小学，捐建了村里的水电站和公路，还盖了五座宗祠。

今天，“世界安溪乡亲联谊大会”已举办到第七届，每隔三年，世界各地的安溪乡亲总要聚在一起，共商家乡发展大计。

王绪强 摄

蔡保同 摄

随着社会的发展，安溪的民风也越来越开放。安溪传统的游龙灯活动，以前只有男性能参加，并且按家中男性的人数限定每家的灯笼数量，如今不仅有女性制作灯笼，也可以参加游灯，而且灯笼数量不再与男性人数对等；安溪还开全国风气之先，将家族中新添的女娃也记入族谱；安溪的女茶商也很有拼劲，2008年，官桥镇的女茶商林彩华获得了“第二届中国（福州）安溪铁观音茶王赛”的冠军，是安溪有史以来的第一个浓香型女茶王。

也许是有茶相伴，又或者是忠实地继承了远祖从中原带来的古老文化，安溪人过着中国传统的，丰富多彩、热闹喜庆的民间生活，现代的浮躁喧嚣离他们很远。几千年来，中国人总以这样安稳温暖的世俗生活作底，来对抗人生中注定的流离悲苦。

每一尊神仙、每一座土楼、每一个风俗，在安溪都有一个故事，安溪人习惯以这样口耳相传的方式来记录历史。而这些故事是如此地动人，以至于让你错觉几千年的悠悠岁月，在安溪是温情脉脉地流走的。安溪之美不仅在安溪的山川、水土、建筑、艺术之中，更在这一份浓浓的人情里。

第四篇

改變

安溪铁观音于安溪、安溪人是一个值得津津乐道的话题。当铁观音神奇地出现在安溪的土地上，与安溪人相知相伴后，安溪的山川从此便拥有了伟大的地理和动情的历史，安溪人从此便拥有了丰富的内涵和非凡的气度。铁观音于植物的内秀，兀然脱颖而出，若伯乐识马，唯安溪人慧眼识得，唯安溪人妙手制得。本是不起眼的寻常叶形，青涩的寻常气味，却给安溪人摇出了香气，摇出了韵味，于是就有了郁郁丹桂香，就有了幽幽兰花香，仿佛漂亮女子丰神绰约，仿佛观音菩萨逸韵高致。

茶与人、人与茶在这里是如此的和谐统一，如此的浑然一体。安溪人将铁观音视为“天赐神树”，百般呵护，精心浇灌。而铁观音在滋养安溪人的同时，也改变了安溪和安溪人的命运轨迹。因嘉木，而佳茗，而美好家园，这是大自然的恩赐，也是安溪人聪明智慧的结晶。清雍乾年间，铁观音被发现和培育后，安溪尧阳王士让的后裔王冬就将它配制成“大红铁观音”，畅销中南半岛。被尧阳人称为“由伯”的王由，则在清嘉庆年间就去了台湾做铁观音生意，传说他一次就挑了十八担白银回家乡，成为当地著名的富商巨贾。

而喝着铁观音长大的读书人李光地，虽不种茶制茶，却从小就被深刻烙上茶乡的印记，或许是安溪的山水给了他灵气，或许是安溪的民风给了他刚直的性格，他官拜文渊阁大学士兼吏部尚书，成为辅助大清帝国朝政的顶梁柱，治三河，平三藩，荐施琅收台湾，功勋卓越，被雍正皇帝誉为“一代之完人”。李光地为官数十年，清正廉洁，两袖清风，人称“赤脚宰相”，临终留言将他葬在安溪茶山上，实现了回归家乡怀抱的夙愿。

曾几何时，铁观音的生产及销售，受制于中国计划经济的严格控制，民间茶叶买卖被视为“投机倒把”而被取缔。沧海桑田，到了1985年，国家开放茶叶收购，新加坡、日本等国以及香港地区随即有人来安溪买茶，以前的“投机倒把”茶商，都成了茶乡各村的掌门人。

魏月德是铁观音的另一发现者魏荫绵延270余年的第九代传人。他说自己读书不多，是铁观音给予他刚强自信的勇气，在封

第142-143页
林思宏 摄

林思宏 摄

1992年"松林头魏荫铁观音茶王赛"·蔡保同 摄

吴荣山

闭的年代开始偷偷把茶叶卖到汕头去，并在其祖屋里创办岐山茶叶加工厂，成为中国改革开放后安溪第一家个体茶叶加工厂。1992年，魏月德在魏氏祠堂举办"松林头魏荫铁观音茶王赛"，揭开安溪茶王赛的序幕。1995年，魏月德注册"魏荫"牌铁观音商标，建设铁观音文化园。2008年，魏月德被认定为"国家级非物质文化遗产保护项目安溪乌龙茶（铁观音）传统制作技艺传承人"。

陈双算也是安溪铁观音的非物质文化遗产传承人，他是祥华乡旧寨村人，当过兵，见多识广。早在1984年，就有广东茶商用2400元买走他的两斤铁观音，当年这笔钱可以盖两幢房子，直到晚上，茶商已经走了很久，他还后背出冷汗，不敢相信这是真事。一些广东茶商给陈双算起了一个外号叫"鸭母算"，后来陈双算就拿它给自己的铁观音注册商标。如今，陈双算的"鸭母算"铁观音美名远扬。

铁观音制作工艺精益求精，严谨求实，充满着积极向上、开拓进取的精神品格。一代代的安溪茶人在铁观音精神的感召下，薪火相传，义无反顾，酿造生命的甘泉。杨松伟，70后，放着国家干部不当，毅然下海，依靠品质与诚信两张牌，将"感德龙馨"玩转得风生水起，三夺安溪铁观音茶王，将全部奖金捐给家乡的学校和贫困学子。王文礼，也是70后，大学毕业后在深圳某报社就职，怀着创立中国茶叶民族品牌的梦想，辞职返乡，成为铁观音起源"王说"王氏家族继承铁观音事业最合适的掌门人。具备现代成功商人素质的王文礼，几年之间就在全国开辟了几百多家连锁店，他所创立的八马公司在全国声名鹊起，在沃尔玛等国际知名连锁企业开设茶叶专柜。王文礼说，八马已成为日本最大的茶饮料生产商的主要供应商，下一步的目标是拓展欧美乃至世界市场。

铁观音是上天赐予安溪人最好的礼品，它的植物能量源源不断地注入安溪人的血液中，而安溪人也意识到要承担更多的责任，来回报自然的恩泽。吴荣山，一位普通的安溪茶商，当事业有成的他看到大学生就业困难，就投资在全国各地开了许多三和店，让没有资金创业的大学生加盟，使英雄有了用武之地。吴荣山计划投入3000万元，发展100家加盟店，这样可提供500个大学生创业就业岗位，简称“1+5”青年创业模式。

元代·赵孟頫《斗茶图》

中国是茶叶的起源地，中国的斗茶传统，源于唐而盛于宋。唐代建立贡茶制度，湖州紫笋茶与常州阳羡茶同被列为贡茶，于是每年早春时节，两州刺史都要在顾渚山举办盛大茶宴，邀请社会名流品尝、审定当年的贡茶质量。而民间的斗茶，则常常是相约三五知己，各取所藏好茶，轮流品尝，决出名次，以分高下。元代著名书画家赵孟頫有《斗茶图》留传至今，图中人物全是村夫野老模样，这说明元代斗茶之风已深入民间。

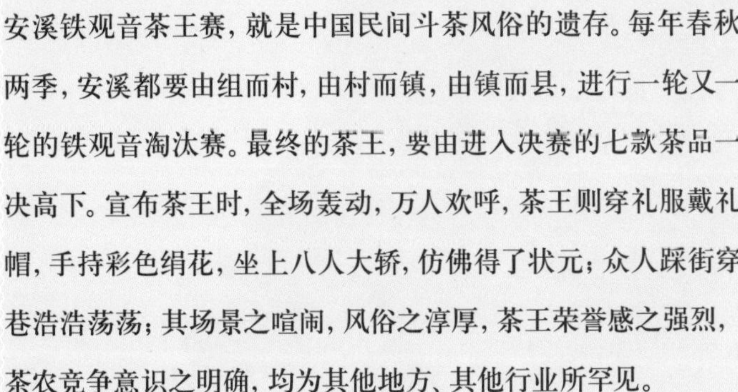

安溪铁观音茶王赛，就是中国民间斗茶风俗的遗存。每年春秋两季，安溪都要由组而村，由村而镇，由镇而县，进行一轮又一轮的铁观音淘汰赛。最终的茶王，要由进入决赛的七款茶品一决高下。宣布茶王时，全场轰动，万人欢呼，茶王则穿礼服戴礼帽，手持彩色绢花，坐上八人大轿，仿佛得了状元；众人踩街穿巷浩浩荡荡；其场景之喧闹，风俗之淳厚，茶王荣誉感之强烈，茶农竞争意识之明确，均为其他地方、其他行业所罕见。

林文侨

而将安溪茶王赛做到县外、境外，做到极致，做出效益的，则不能不说到林文侨——福建远太集团、安溪铁观音集团董事长，一个具有传奇色彩的企业家。林文侨起先不做茶，但他爱茶成痴，从小就会斗茶。与众不同的是，他上个世纪90年代到香港经商时，就把家乡的茶王赛移植了过去。林文侨炒茶王，卖茶王，有时自己也买茶王。1993年，林文侨旗下公司与安溪政府联合在泉州举办茶王赛和茶王拍卖会，首开铁观音茶叶拍卖先河，500克1万元的价格让铁观音从此身价百倍。等到1999年，1000克铁观音茶王在香港已被他卖到118万元了。

值得注意的是，当时林文侨并没有经营茶叶，之所以不遗余力地“斗茶”，并不是为了自己的商业利益，全在于对家乡的感情。当然，更多的还有兴趣、乐趣。林文侨常说，铁观音扎根贫瘠土地却倾情奉献芳香，在其滋养下成长的人类，应当承担更多社会责任。在这种社会责任的推动下，终于在2006年7月，林文侨走进安溪铁观音集团，成为这里的新掌门人。

百貨大樓

广东汕头，金平区西堤码头附近的安平路，是一条骑楼集中、商铺密集的老马路，在20世纪30年代汕头埠商业活动兴盛之时，曾是繁荣的商业中心，在当时汇集了国内许多做北货南调、南货北调生意的“南北行”以及德国人、英国人、日本人开设的洋行。如今的安平路，繁华不减当年。虽然城区东移，小公园片区在进行旧城改造，但马路两边依然是各色商铺鳞次栉比，街上车水马龙、川流不息。

在安平路的僻静之处，默立着一条三弄的小巷。幽深的小巷两边是一幢幢西式洋楼，洋楼的外墙早被风雨剥蚀，墙角遍布青苔，临街的窗户也大多用红砖填满，空无人居的楼顶平台上却是草木繁茂、一派生机盎然。虽然当年雕刻的手指早已化作尘埃，洋楼门窗边的石雕花朵却鲜活如初。

这便是安溪茶商林朝阳当年在汕头做茶叶生意发家后，创建的乾太厝内。100多年前，林朝阳不仅开汕头商业活动之先，造就了安平路一带的繁荣，也为故乡安溪闯出了一条经久不衰的茶路。

从上到下依次为：汕头小公园夜市、安平路路标、安平路民居石雕

林朝阳其人其事早已湮灭在历史的风云变幻中，他所创建的乾太厝内也阅尽沧桑，正面临拆迁改造，但他开创的安溪茶叶营销历史仍在继续。乾太厝内的路口就有一家安溪茶行，店主来自安溪西坪镇，他虽然不知道乾太厝内为谁所建，因何命名，但他无意识中是沿着林朝阳的足迹来到汕头，卖的同样是来自故乡的铁观音。林朝阳一手开创的汕头茶叶市场，而今已容纳了数以万计的安溪茶商在此安身立命，他建造的乾太厝内现在也仍有十多家人栖身其中。

映宝楼

映宝楼，西坪镇平原村培田角落的一座方形土楼，楼前有水塘，楼后有花园，天井中还建有一座可乘凉也可避雨的凉亭。土楼建造者王省早年以养鸭为生，后来积累资金做起了茶生意，把安溪茶叶卖到厦门、汕头等地，发家后于清雍正八年（公元1730年）修造了这座土楼。土楼的第三层至今还留有当年烘焙茶叶用的一排土灶，楼边王省手植的一棵桂花树每年还能产出几十斤的桂花，而在培田这个400多人的自然村里，从土楼中繁衍出来的王姓后代就有100多人。

映宝楼内的土灶

第149页
蓬莱镇上智村洋楼·王绪强 摄

在西坪镇南岩村，还有一座建于清朝宣统年间的阳楼寨。寨子呈椭圆形，一条老街穿寨而过，两边都是商铺，青石铺路，窗棂雕花，依稀可见当年繁华。阳楼寨的主人当年在香港开茶行发家，寨中最高建筑磐乐楼，是抗日战争爆发后茶路中断时寨主囤积茶叶之用，战争一结束，这批茶就经香港中转卖到东南亚，让寨主发了一笔不小的财；感德镇龙通村也有一幢宏伟的土楼——崇墉永峙楼，建造于清朝顺治年间，360多年过去，楼主的子孙后代仍以种茶为生。

从上到下依次为：阳楼寨、阳楼寨入口、磐乐楼

土楼里的制茶工具

在安溪大地上，还有多少土楼、大厝、古堡是由历代做茶叶生意起家的安溪人所建造的，我们已经无法统计了。几百年间沧桑巨变，我们更无法确知安溪铁观音是如何改变了这些人的人生。但这些建筑见证了一切，虽然静默无言，但它们本身就是一部安溪茶业发展史。

西坪聚斯楼

感德龙通崇墉永峙楼

时代的巨轮行进至20世纪70年代末。此时，中国已经结束了长达十年的“文革”，开始改革开放，中华民族从此进入伟大的复兴时代。

这是一个意气风发的时代，人与时代风云际会，创造了无数的传奇。

1984年，当一个广东茶商以2400元买走了陈双算的两斤铁观音茶之后，陈双算才明白在安溪只有种茶才能改变贫穷落后的生活。

千千万万新一代安溪人，开始像陈双算一样，用一棵棵铁观音茶树浓墨重彩地绘制着自己的人生蓝图，同时也给安溪茶产业注入了新的活力，带来了新的生机。在经历了民国时期的停滞和新中国成立之初的缓慢发展之后，安溪茶产业终于迎来了明媚的春天。

魏月德初中还没毕业时，就从学校回到家里学做茶。因为在生产队挣工分吃不饱，20世纪70年代末他就开始到邻近的漳州南靖、漳浦等地，走街串巷偷卖铁观音。这种行为在当时是非法的，被抓住的话要戴纸帽游街示众，甚至要判刑坐牢。但魏月德依然悄悄在做。从一个挣扎求生的茶农，到今天功成名就的茶商，魏月德说除了自己付出过比别人更多的汗水，首先要感恩的，是老祖宗留下的那些铁观音茶树。

魏月德

陈双算从部队退伍回家时，家里还在点土油灯，每个人一年分到的口粮只有300斤地瓜和不到100斤的谷子。为了找活路，陈双算同魏月德一样，铤而走险开始“投机倒把”。从1975年开始，陈双算背着家乡的茶叶，趁着黑夜打手电走山路到漳州华安县，再坐车到漳州火车站，从那儿坐火车去广东里湖、汕头一带偷偷卖茶。随着茶叶生意越做越大，“鸭母算”的外号渐渐在广东茶商中叫响。

陈双算

如果说魏月德、陈双算的坎坷人生，暗合着中国私营经济的艰难行进，那么吴进春、王文礼、杨松伟事业的起承转合，则见证着安溪铁观音茶产业乃至于中国市场经济的稳步发展。

黄民生 摄

冠和茶厂的吴进春年轻时就是乡里的制茶能手，因头脑灵活，1984年祥华铁观音示范厂成立时就被推荐为厂长，主管生产，积累了丰富的经验。1993年，安溪铁观音市场开始起步时，嗅觉灵敏的吴进春意识到这是个人创业的大好机会，就独立创办冠和茶厂，加工茶叶到广东深圳一带销售。经过七八年的积累，吴进春除在安溪“中国茶都”大胆扩张店面外，还在泉州开了面积800平方米的旗舰店，成为该市经营面积最大的茶叶店。如今，吴进春的四个儿子都继承了家业，冠和茶厂也建立了现代企业制度，年产值上千万，是安溪茶业的龙头企业之一。

吴进春

1993年下半年，王文礼又来到了深圳，与上次不同，这次他是来这里开第一家“八马”茶叶店的。之所以选择深圳作为市场拓展的第一站，王文礼是经过深思熟虑的。他认为深圳是中国改革开放的窗口，市场潜力巨大；并且作为一个移民城市，深圳文化多元，安溪铁观音有生存的土壤；同时，深圳又靠近香港，在深圳开店，还方便将来与国际市场接轨。基于当年的眼光，到现在，深圳的“八马”茶叶店已开到了180多家。作为接受过现代高等教育洗礼的新一代安溪茶商，王文礼善于将传统与现代、茶叶个性化生产与标准化营销相结合。2009年，王文礼请来叶茂中营销策划机构，着手打造崭新的“八马”个性品牌。马，激情奔放；马，生命力蓬勃。儒雅的王文礼同他所崇尚的骏马一样，对中国经济、对安溪铁观音、对自己的未来，目标高远，信心十足。

王文礼

杨松伟

2000年，安溪茶产业进入全面发展期。在深圳打拼的杨松伟看准时机，带了20万元回安溪老家。他用13万元买了一部捷达车，这部捷达车一次能拉700斤茶叶，他就一趟趟运到深圳，挨家挨户去卖；2002年，一位日本客商要求按50克一袋分开包装茶叶，因为店里没有精细的秤，就多包了2袋。那个日本客商竟把包好的茶叶全部拆开，用自己随身带的小秤重新称重、分袋、包装。这件事使杨松伟明白做企业不但产品质量要好，更要转变经营理念。于是，2003年，杨松伟从茶叶批发转向做茶叶品牌。2005年，杨松伟在北京马连道茶城和东城区豆瓣胡同开了两家店，是进军北方市场较早的安溪茶商。2010年，他又计划在北京再开一家“感德龙馨”茶会所。从当年单枪匹马创业，到如今拥有一家300多人的现代茶企业，杨松伟已在全国各地开了60多家店，但他说自己的抱负还远未实现。他的目标是把“感德龙馨”开到全国每一个大中城市，将自己深爱的、改变了自己命运的安溪铁观音介绍给更多的人。

叶景灿 摄

南宋·刘松年《茗园赌市图》

斗茶，起源于茶叶种植已普及民间的唐代，唐代许多人以种茶为生，茶农便以制出好茶为极大的荣耀。一季新茶制好后，茶农们便拿着各自所制的茶叶聚到一处，一比高下。

斗茶也是安溪一大风俗传统。平时三五好友相聚便要斗茶，到了茶季，举目所及，邻里之间的斗茶，村、镇、县里的茶王赛更是风风火火。

安溪人斗茶注重“色、香、味、韵”，即干茶颜色、茶汤颜色、香气、滋味和韵味。不同类型的铁观音，其“色、香、味”之美有不同的标准。清香型铁观音以干茶砂绿油润、汤色金黄绿色、香气高强、滋味鲜爽回甘为上；浓香型铁观音则以干茶深褐油润、汤色金黄浓艳、香气清纯、滋味醇厚甘滑为上。而这两种铁观音都要具备观音韵，才算上品好茶。

茶王赛·王绪强 摄

茶王赛·王绪强 摄

为了鼓励茶农提高茶叶制作技艺，提升茶叶质量，上世纪90年代以来，安溪政府就开始走出安溪，采用“政府搭台、企业唱戏”的方式举办各类茶王赛。茶王赛的举办，直接带动了安溪铁观音价格的一路走高。以1996年10月广州安溪茶王赛为例，赛后安溪茶价马上上浮了20%，甚至波及香港、澳门、马来西亚的茶价。一年年的茶王赛犹如一壶烧开的水，更激发了安溪茶农做好茶的热情，全县掀起比学赶超的热潮，一时间蔚然成风。

安溪政府把茶文化的宣传推广作为茶经济发展的“助推器”，在促进整个茶产业繁荣的同时，也启发安溪茶商重视铁观音茶文化的弘扬与传播。三和茶业的吴荣山深得茶文化的内涵，1995年首打福州市场时，他选择的就是开铁观音茶艺馆，虽然一开始走得艰难，但渐渐地，客人都喜欢上了铁观音。2008年，吴荣山又投资几千万元，在安溪建成茶文化艺术博物馆，每年举办文学、书画等创作笔会，将铁观音文化不断发扬光大。茶是和谐的饮料，用铁观音构建和气、和美、和谐的社会环境，这是三和茶业的追求，也是安溪茶商的追求。

三和茶文化艺术博物馆

每当茶季来临，每天都会有大量的茶商涌到安溪，有来自华南、华北、华东、东北、西北的，也有从日本、韩国、俄罗斯等国远道而来的。不管是在安溪“中国茶都”茶叶批发市场，还是在各个产茶乡镇、村的茶叶市场，直至茶农家中，茶叶交易无不红红火火地进行着。从清晨开市到午夜歇市，在挨挨挤挤的茶叶批发店里，一拨又一拨茶商来来往往，捧着茶叶认真地观形、察色、闻香，店主则忙着烧水泡茶，静等茶商们品饮之后开价交易。这个时节，安溪茶乡几乎每条路上都挤满了人和车，公安、交警、工商、质检及各个涉茶管理部门集体出动，维持秩序，监督茶叶质量，维护公平交易。整个安溪都弥漫着浓浓的茶香，而茶农风吹日晒的脸上终于露出了收获的喜悦。

第159页
金谷茶青市场·叶景灿 摄

第160–161页
感德茶市·叶景灿 摄

安溪产茶乡镇很多，每个乡镇所产的茶叶都各具特色，大坪盛产毛蟹，虎邱以黄金桂闻名，铁观音的主要产区则集中在西坪、剑斗、龙涓、祥华和感德等乡镇。

西坪镇位于安溪县中南部，属于内安溪地区，海拔在500—800米之间。西坪是安溪铁观音的发源地，所产铁观音以传统浓香型见长。清代，西坪就是远近闻名的茶市和商品交易市场，被誉为“西坪圩”，至今西坪仍是安溪重要的茶叶交易市场之一。西坪几乎人人种茶、家家制茶，并且全镇的茶叶企业已发展到100多家，其中就包括魏荫、八马、日香、中闽魏氏这样的安溪茶业龙头企业。而从清朝铁观音被发现开始，西坪人就陆续走出安溪去做茶叶生意。如今，在铁观音最重要的国内市场之一——广东汕头，那里规模最大的光华茶叶批发市场里，有八成以上的茶商都来自于西坪。

祥华乡位于安溪县西北部，境内峰峦竞秀、云雾缭绕，平均海拔有800米，是安溪第一任县令詹敦仁辞官后隐居的地方。祥华的土壤以红壤为主，有机成分高，因此在上世纪80年代引种铁观音后，祥华铁观音就以优异的品质，多次在县级以上的茶王赛中获奖，创造了“一乡十四王”的辉煌成绩。

安溪铁观音产区的后起之秀——感德镇，境内有省级自然保护区云中山，生态环境十分优良。距离安溪县城68公里的感德原本是穷乡僻壤，上世纪90年代铁观音的兴起改变了这一状况。感德所产的清香型铁观音这几年特别受市场欢迎，被称为“改革茶”、“市场路线茶”。到2009年，感德全镇有茶园3.2万亩，年产茶叶3200吨，茶叶年产值超过7亿元，茶叶收入占农民人均纯收入的80%以上，全镇农民人均纯收入达9288

元，居安溪产茶乡镇之首。感德镇有槐植、霞春、镇区三个茶叶交易市场，每到茶季总能吸引大批的国内外茶商，感德茶市的价格也已成为全国铁观音价格的风向标。

而龙涓乡作为铁观音新产区，这几年通过抓培训、抓比赛、抓交流，茶叶从业人员素质不断提升，茶叶质量不断提高，好茶越来越多，茶价也不断攀升。2009年，全乡茶价从原来每公斤不足60元提高到100多元，人均年茶叶收入增加1300多元，全乡茶农年收入增加了1个多亿。单单在2009年秋季，龙涓乡后田村一个叫南岐的山区角落，19户人家不到百人，秋茶收入就超千万元，其中有两户超100万元，其他17户收入人均超50万元。

虎邱·黄民生 摄

今天，安溪再也不是那个人多地少、“历来缺粮”的国家级贫困县，而是创造了销售渠道、县级茶园面积、茶叶总产量、涉茶总产值、受益人口、茶农人均收入、茶产业配套程度、茶叶平均单价等多项全国第一的“全国百个重点产茶县”、“全国县域经济基本竞争力百强县”和“全国最具投资潜力中小城市百强县”。“没有铁观音不成茶叶店”，到2009年，安溪拥有茶叶企业1000多家，7家企业人选全国茶叶百强；安溪人在全国各大中小城市开设的茶庄、茶店、茶行、茶艺馆已达4万多家，在外地营销茶叶的安溪人有10万多人。安溪铁观音的出现，改写了中国茶产业的市场格局，领跑着全国1000多个产茶县。现在，安溪政府每个月都要接待来自全国各地的学习人员，将安溪茶产业的发展模式和经验推广到全国。

项目 \ 年份		1980	2000	2009
茶产业	茶园总面积（万亩）	11	41	60
	茶叶总产量（万吨）	0.22	4.0	6.5
	涉茶总产值（亿元）	0.2	24	73
	茶业收入占当年农民人均纯收入（%）	10	22	57.7
GDP（亿元）		1.2	77.5	248.95
财政收入（亿元）		0.086	3.26	13.78
农民人均纯收入（亿元）		120	3345	7701
工业总产值（亿元）		0.51	92.86	361.5
全县公路通车里程（公里）		1100	3200	4700

1980、2000、2009年安溪经济数据 · “中国茶都”茶史馆提供

上两图为“中国茶都”茶史馆提供，下图为王绪强 摄

印在出口的茶叶包装箱上的标识

陈世哲　摄

在做活国内市场的同时，安溪人也振兴了中国茶叶的外贸市场。以日本市场为例，日本乌龙茶饮料的原料以从中国进口为主，这其中则以福建乌龙茶为主，而单单安溪的两家出口茶企业——八马、华虹，就占了福建出口日本乌龙茶总量的25%。

今天，不仅在传统的铁观音消费区，铁观音成了人们的一种生活方式。随着安溪人足迹所至和政府推广的深入，在中国中部、东北、西北、西南，泡安溪铁观音、喝闽南功夫茶也渐渐成为一种时尚。经中国茶叶流通协会统计，到2009年底，世界上已有1.1亿人常年品饮安溪铁观音。这个数字比2008年同期该协会公布的数据，整整增加了1000万。

第五篇

今生

安溪铁观音于清雍正、乾隆年间，起源于安溪西坪，随即如燎原之火，先传至本县的虎邱、大坪、祥华、感德等乡镇，乃至遍及全县；后传至闽南各地，乃至闽北、粤东，以及台湾地区。早在1798年，就有西坪人王义程，在台湾改进乌龙茶制作技术，创制出长盛不衰的台湾包种茶；及至1896年，安溪大坪人张乃妙将安溪铁观音茶苗引入台湾，开创台湾木栅铁观音。100多年过去，木栅所建的"张乃妙茶师纪念馆"，每天都要迎来大批观光客和茶叶爱好者，他们无不怀着崇敬的心情，前来拜谒这位来自安溪的台湾木栅铁观音创始人。

19世纪中后期，随着口岸经济的发展，至清光绪三十年（公元1904年），安溪乌龙茶产量已达1250吨，其中约有30%的产量出口；抗日战争时期，因战祸连绵，外销茶路中断，导致安溪大量茶园荒芜，茶叶年产量迅速降至550吨，安溪人在国内和海外开办的茶行、茶庄也纷纷关闭；至1949年，安溪茶业奄奄一息，仅有茶园两万亩，年产量仅为420吨。

国运兴，茶运兴。新中国成立后，安溪乌龙茶迅速发展。1953年政府在全县推广茶树"短穗扦插育苗法"，这个技术发明于1936年，发明人是西坪镇平原村的一位私塾先生王成文。1963年，政府采取发放茶叶预购款、茶苗补助款、无息贷款、无偿补助款、优待粮、奖售粮、奖售化肥等一系列经济扶持政策和措施，改造低产茶园，实行乌龙茶初制加工的半机械化，至1965年，全县茶园面积已恢复发展到5万余亩，茶叶产量增加到900余吨。

中国改革开放后，安溪乌龙茶进入一个崭新的发展时期，政府制定和实施茶业"优质、精品、名牌"发展战略，建设优质乌龙茶基地，改进乌龙茶制作技术，改良制作机具，茶叶生产技艺日新月异。至1990年，全县茶园面积达到14余万亩，乌龙茶年产量高达7000余吨，年出口量达3000余吨。同时，安溪铁观音等安溪乌龙茶开始在国际国内的茶叶大舞台崭露头角。1988年，安溪县举办"铁观音全国征歌大奖赛"，征集到2000多首茶歌，并开办演唱会，极大地提升了安溪铁观音的知名度。

1998年，政府启动安溪茶业"二次腾飞"发展措施，提出"三步走"发展思路。第一步"创名牌，拓市场"；第二步"保名牌，抓质量”；第三步“建市场，组集团”。2000年，政府提出“建基地、提品质、拓市场”发展思路，建设20万亩无公害示范基地、10万亩优质铁观音基地、10万亩绿色食品基地、2万亩有机茶基地。2003年，政府确立并实施“茶业产业化推进工程”，引导安溪茶农走“基地建设规模化、产品加工专业化、质量监督标准化、市场管理规范化、服务保障社会化”之路，大幅度提高全县茶叶生产的集约化水平。2004年，政府提出“以生态化思维抓茶叶生产、以工业化思维抓产业链延伸、以品牌化思维抓市场营销”的发展思路，在茶业产业化的实践上下功夫。

2005年，政府顺应国际绿色饮品消费潮流，提出“绿色、品牌、诚信、文化”的发展思路，坚持诚信立市，丰富文化内涵，促进安溪茶业健康可持续发展，逐步打造出凤山牌、八马牌、魏荫、感德龙馨、冠和牌等一批质量信得过、市场打得响的茶叶品牌。同年起，启动“安溪铁观音神州行”大型系列活动，到全国二十几个大中城市开展品牌宣传推广活动，展示安溪铁观音茶文化，所到之处均刮起一阵阵铁观音旋风。2006年，政府提出“安溪铁观音·和谐健康新生活”全新兴茶理念，深入实施“生态、健康、文化、品牌、素质”五大工程，发全国茶业界落实科学发展观之先声。至2009年，全县茶园面积达60万亩，年产量达6万吨，涉茶行业总产值73亿元。

珍田村是安溪县铁观音茶叶的主产村之一，2006年该村成立珍田茶业合作社，号召130户茶农携带1000余亩茶园入社，一同走生产规模化、加工标准化、经营品牌化的发展道路，一举改变了设备简陋、信息不灵、技术落后的家庭作坊式生产方式。

安溪铁观音神州行·安宣 供图

第170页
林思宏 摄

像珍田这样的茶业合作社，在安溪县就有200多家，他们实行"五统一"管理，即统一农资配送供应，统一防治指导，统一生产经营标准，统一学习交流培训，统一其他生产经营环节把关。珍田茶业合作社一成立，就统一注册了商标，并在北京、上海、广州等大城市建立合作社茶叶商品直销专柜，使得地处偏僻山区的安溪茶农，有了一条便捷的对外推广品牌和低成本交易茶产品的新路子。由于茶业合作社较好地解决了茶叶质量安全问题，吸引了大批外地茶商前来采购，合作社的茶叶都十分畅销。

安溪人对于安溪铁观音的钟情，使得安溪茶产业一路领先、芳香四溢。1995年，安溪县被农业部命名为"中国乌龙茶之乡"；2000年，"安溪铁观音"证明商标获得国家工商行政总局核准注册；2004年，安溪铁观音获国家原产地域地理标志产品保护；2005年，安溪铁观音作为中国的唯一代表，参加世界知识产权组织在意大利帕尔玛举行的"全球地理标志保护研讨会"；同年，安溪铁观音被评为外商最喜爱的唯一中国农产品品牌；2006年，安溪铁观音摘取中国茶业界首枚"中国驰名商标"，新修订的国家标准《地理标志产品安溪铁观音》正式实施；2007年，安溪铁观音再次应世界知识产权组织邀请，参加世界地理标志大会；2008年，安溪乌龙茶（铁观音）制作技艺被认定为国家级非物质文化遗产，其传承人为魏月德、王文礼，同一年正式启动申报世界非物质文化遗产的工作。

世界茶叶原乡在中国，中国茶叶腾飞看安溪。安溪铁观音为中国茶叶创下一个个奇迹，也留下一个个惊喜和期待。2009年，安溪政府提出"忧患、梦想、担当"三大思考，引领安溪茶业放眼世界，借鉴法国葡萄酒庄园模式，在全县选择祥华陈双算茶厂、感德王奕荣琦泰茶厂等五家试点企业，从茶叶种植、加工、销售等环节，探索建立了"生产有记录、信息可查询、流向可追踪、责任可追究、产品可召回"的茶叶质量可追溯体系。

拿起一罐茶叶，回溯登记在册的档案，便可查出这茶产自哪个山头——如今，安溪铁观音茶产业正导入这种产品质量可追溯制度。入选全国茶企百强第六位、连续四年蝉联福建省首位的安溪八马茶业有限公司，被农业部列为首家中国乌龙茶可追溯项目单位，并被批准为中央政府采购中心注册供应商，"八马"茶叶成为"国饮"馈赠各国政要和贵宾。

第173页
安溪茶文化艺术团·安宣 供图

第174-175页
安溪茶厂拣茶车间·阎雷（Yann Layma） 摄

安溪铁观音之于安溪大地的福荫，是改变了安溪的经济格局。1985年，当改革开放的春风在中国各地已如浪潮涌动之时，安溪县仍然是福建省最大的"国家级贫困县"，全县80多万人口中有30多万生活在贫困线下，农民人均收入不足300元。2009年，安溪农民人均收入已达7700元，其中来自茶叶方面的收入占55%，收入增幅高于当地城镇居民。从1996年起，安溪县连年被评为"福建省经济发展十佳县"；2007年，安溪又进入"经济实力十强县"，成为全省县域经济发展"双优县"。

奇迹在安溪出现，主角是安溪铁观音。中国"点石成金"的古代神话，如今为安溪人以"点茶成金"实现。而锦上添花的是，成立于1994年的安溪铁观音茶文化艺术团，创编了一整套具有安溪茶乡独特风格、融传统茶道与现代精神于一体的"安溪茶艺"节目，将铁观音的醇厚文化，将中国传统的茶道精神，传遍神州大地，传遍全世界。

2004年6月，安溪茶文化艺术团作为法国"中法文化年"活动的组成部分，应邀在法国皮卡迪博览会上表演安溪茶艺，引发参会各国的极大兴趣，法国国家电视台、法国《卡迪邮报》等媒体对此作了专题报道。

2008年11月，安溪茶文化艺术团应台北文化艺术促进协会邀请，赴台进行为期半个月的文化交流。在台期间，举办茶话会、讲茶会、斗茶会、品茗会，为台湾同胞献上了一场场茶文化精品节目，在宝岛台湾引起极大轰动。

时至今日，安溪县茶文化艺术团已应邀赴日本、法国、科威特、韩国、比利时、意大利等国进行文化交流，成为中国铁观音茶文化的传播者。联合国教科文总部文化事务和公共关系委员会特项部主管阿丽丝·德·简丽丝（Alice De Jenlis）女士品尝了安溪铁观音、观看了安溪铁观音茶艺表演后，兴奋题词："我今天遇到了一件最美好的事物，这就是中国茶道的'纯、雅、礼、和'。"

千揉铮铮骨，百焙圣妙香。2009年，安溪被评为"全国百个重点产茶县"第一位。同年，安溪铁观音经过200多项检测，在信任度、影响力、品牌知名度等多项评比后，荣获"中国世博十大名茶"第一位。

国运昌盛，茶业繁荣。新中国成立后，安溪政府大力发展茶产业，安溪茶产业重获生机。

1952年4月，安溪茶厂成立，开始收购加工茶叶，调供厦门茶叶进出口支公司出口，逐渐恢复了抗日战争时一度中断的东南亚各国乌龙茶市场。1956年以后，安溪乌龙茶外销市场逐渐跳出了东南亚“侨销茶”的圈子，扩展到日本、欧美等国家。1957年10月，福建省供销合作总社投资135.5万元，在官桥五里埔兴建安溪茶厂新厂房，1959年新厂房竣工并正式投产，当年精制茶叶突破1000吨大关，产品90%外销，从那时起安溪茶厂就一直是全国最大的乌龙茶精制加工企业。1982年，安溪茶厂出品的“凤山”牌特级铁观音，获国家质量奖审定委员会颁发的国家金质奖章，至2009年已连续27年捧得这一国家最高荣誉。

胡平到祥华扶贫调研（右侧为陈水潮）· 陈水潮 供图

吴传家

安溪茶产业的快速发展是在改革开放以来的20多年时间里，这期间安溪政府针对不同的形势，对茶产业提出了不同的发展思路，安溪茶农茶商则应时而动，安溪茶产业由此进入其历史中最辉煌的时期。

1985年，时任福建省省长胡平到祥华乡扶贫调研时，看到一个小男孩身上的衣服打着的补丁竟有20多个。胡平被深深震动了，他明白安溪人要脱贫致富，还是得发展茶产业。1987年，安溪政府特批一个茶叶加工厂的指标给祥华乡，但没有人敢接，吴传家抓住机会给承包了下来。为了把祥华茶叶的牌子打出去，他将茶厂取名为“祥华茶厂”。1999年，祥华茶厂出品的“祥华”牌铁观音被国务院国谊宾馆选为专用茶。同一年，祥华茶厂获准使用绿色食品标志，是最早获批的安溪茶企之一；2009年，祥华茶厂申请了福建省老字号，是福建省第一个申请老字号的茶企业。

王奕荣

政府的鼓励和几个“吃螃蟹”者的成功，让茶农看到了种茶改善生活的希望。上世纪80年代初，安溪茶厂高级工程师李宗垣到产茶乡镇去培训时，明显地感受到了茶农高涨的热情。一次，李宗垣到湖上乡沙堤村，在一个茶场的晒青埕上讲课，100多个茶农全神贯注地听了两个多小时，中途竟没有一个人离场。

现任安溪茶业管理委员会（简称茶管委）主任的陈水潮，1984年5月开始到祥华乡担任乡长，后又担任乡党委书记，直到1991年才调离。当时，安溪是国家级贫困县，祥华乡被定为省级贫困乡，祥华百姓以种粮为主，全乡没有一家企业，百姓收入来源单一，并且由于交通不便（一条土路坐车到县城要3个多小时），信息非常闭塞。到任后，陈水潮发动千家万户开荒种茶，从感德买来茶苗、从西坪请来制茶师傅指导，补贴茶农一半茶苗款，又在每年春、秋两个茶季举办茶王赛，迅速提升祥华茶叶的知名度。在政府的扶持和鼓励下，祥华很快成为安溪铁观音的主产区之一，祥华铁观音从80年代开始起步，90年代进入腾飞阶段。

进入90年代，茶叶产量上去以后，安溪政府开始有意识地推动制茶技术的改进和推广，以提升茶叶品质。

制茶培训·王绪强 摄

1998年，从感德镇镇办企业退休的岐阳村人王奕荣，进一步完善了空调制茶技术，一举改变了安溪茶农靠天吃饭的历史。空调制茶技术在安溪全县的推广，使夏暑茶质量明显得到了提升，而这又使几十万茶农直接获益。

为了全面提升涉茶人员的素质，2006年安溪政府开始组织“茶业万人培训工程”，到2009年已累计培训了几千场次，涉及59万人。培训的内容包括茶叶栽培管理、制作加工、市场营销等。培训的讲师既有中国工程院院士，福建农林大

福建乌龙茶
铁观音
淨重24公斤
2009年
中华人民共和国产品

福建乌龙茶
铁观音
净重24公斤
2009年
中华人民共和国产品

学教授，中国农科院茶研究所、福建农科院茶研究所的专家，也有陈双算、王奕荣等乡镇土专家。2010年2月，安溪政府还组织千名茶商进行培训，并计划在2010年到全国各地巡回培训安溪茶商，以提高茶商的综合素质。

注册号:1388991

中国驰名商标

安溪政府除了鼓励茶商创建自己的品牌，鼓励茶企业争创泉州市知名商标、福建省著名商标、中国驰名商标等商标外，还在安溪铁观音的品牌保护方面做了许多工作。除了证明商标、原产地域保护标志、中国驰名商标三大品牌保护利器，从2006年开始，“安溪铁观音”商标还陆续在日本、俄罗斯、新加坡、马来西亚、美国、韩国、泰国等12个国家和地区进行了延伸注册，为安溪铁观音走向世界撑起了一把保护伞。

在对外推广保护安溪铁观音品牌的同时，安溪政府还积极对内建设各种类型的茶叶交易市场。

2000年，投资5亿元的“中国茶都”安溪全国茶叶批发市场建成，是目前中国规模最大、功能最全的茶叶交易市场。“中国茶都”实行的入市登记制，为各地茶商营造了质量放心、公正公平的交易环境。

2005年9月，“中国茶都”开通了“中国茶叶商城网”，为安溪茶农茶商开辟出一片网络销售的新天地。2009年，安溪县又和中国茶叶流通协会合作，每个月在网上发布安溪铁观音价格指数，开全国产茶县之先河。

福田琪瑞生态茶场

珍田合作社·王绪强 摄

在2005年8月1日开始实施新的茶叶检测标准后，欧盟又于2006年1月1日开始实施食品及饲料安全管理新规，进口茶叶农残的检验项目从原来的193项增加到210项。2006年5月29日，日本开始施行肯定列表制度，进口茶叶农残检测项目从71项增加到276项，并把茶汤检测法改为全茶溶剂检测法。为了突破这些"绿色壁垒"，2005年，安溪政府开始建设对接市场的高标准生态茶园。截至目前，全县已建成生态茶园20.5万亩。

这几年，安溪茶农一直在努力回归传统的耕作方式——以手工修剪茶枝，用锄头除草，将杂草埋入土中沤肥，同时实现全手工采摘。因为放心安溪茶叶的质量，许多外地茶商在茶叶还没做好时，就早早地去排队等着抢购了。

2006年3月，安溪第一家茶业专业合作社——长坑乡珍田茶业合作社成立。从此，茶业合作社在安溪遍地开花。秉承自愿加入的原则，社员之间发挥所长、互助发展、彼此监督。这使茶叶质量得到了很好的保障，而茶农的收入也有了大幅的提高。到2009年底，安溪县有茶业专业合作社221家，注册资本7724万元。

据感德三安茶业合作社社长王文安介绍，这几年合作社鼓励茶农退茶还林，给茶山“戴帽”，在山头15—20米的范围内种植香椿、楠木等树种，在茶树间种黄豆，茶园梯壁上种黄花菜，还在茶园边上种草，以维护生物的多样性，保持生态平衡。不仅黄豆收成后，豆秆可以覆盖在茶树下作肥料，单单种黄花菜一项，每年每亩茶园就能为茶农增加2000元的收入。

由于使用化肥会使土壤板结，水土流失严重。2005年，三安合作社开始使用从内蒙古买来的羊粪。羊粪中有机质多，可以改良土壤，使其中的微生物复活，并且一年只要在采春茶前施一次就足够茶树的营养。施过羊粪后，茶树每年都会生出新根，吸收的养分更多，茶叶质量也更好。现在，感德镇已在全镇推广使用羊粪，并对使用羊粪的茶农，补贴20%的羊粪款。

王绪强 摄

安溪农茶局还积极实施农业部“测土配方施肥”项目，2009年已完成对安溪全县土壤的普查，在测定土壤的肥力后就可以明确知道土壤中缺什么物质，该施什么肥、怎么施，而这些信息农茶局都会一一提供给茶农。

有色纸片治虫·罗炎秀 摄

安溪的茶园治虫方法也很先进。据王文安介绍，现在三安合作社使用一种有机农药，这种农药是利用发酵母的原理，虫子吃进去以后会难以消化、肚胀而死。另外安溪还有在茶树上贴有色纸片，在茶园点灯然后在茶树下放水等物理治虫方法，因成本较高，这些方法仍处于试验阶段。

安溪的茶园早已不用除草剂，每个茶季过后只要锄草一次，将草覆盖在茶树下，既可当肥料又能保持土壤的湿度。为了保持土壤的活性，安溪茶农在每年冬天的茶园休整期深挖一次土壤，板结厉害的土壤深挖20厘米，新开发的茶园则锄草就够了。安溪的茶园里普遍都会挖出水沟，建蓄水池，积蓄雨水也引来山泉，供防旱用。

而茶叶制作车间也早已规范化，每个工序会在不同的地方进行，这样加工程度不同的茶叶之间就不会相互影响。挑茶梗时，会先用消毒水洗手，并统一衣帽。安溪的茶企业都会自觉地把毛茶送到县茶检中心检测，并留样保存，然后才包装销售。

2009年，安溪政府号召全县学习借鉴法国葡萄酒庄园模式，创新安溪茶产业发展机制。8月底，安溪政府召开全县学习推广华虹茶业“联作制管理模式”现场会，探索质量可追溯体系的本地化。

华虹茶业“联作制管理模式”是华虹公司自2005年开始推行的一种茶叶质量管理控制模式。具体办法是在华虹公司备案的茶叶基地各区域内建立联作制协议基地，同一区域内的农户根据“自愿组合、相互监督、捆绑签约”的原则，由5—15户茶农自愿结合组成一个小组，小组再推选出一名该区域的基地代表，以小组名义和华虹公司签订合作协议。华虹公司统一发放农药肥料，统一指导施肥用药，统一收购毛茶，通过小组内部茶农间相互监督、相互制约，最终达到整个基地合理用药、规范用药，为华虹公司提供质量安全的毛茶的目的。在自愿交易的基础上，公司以高于同期市场价10—15%的价格收购联作制农户的茶叶。在联作制农户全程记录农事活动的同时，华虹公司将收购的茶叶留样封存，以此实现茶叶生产过程和质量安全的可追溯。华虹推行“联作制管理模式”后，当年出口到日本的茶叶量就翻了一番，同时还使茶农增加了收入。这种“公司+基地+农户”的模式，加速了茶园的流转，促进茶园向龙头企业、大公司集中，形成适度规模经营。

从2002年起就开始建立茶叶质量可追溯管理制度的八马公司，从茶叶种植到加工到销售，都有完整的记录。2009年7月，八马公司被列为农业部乌龙茶可追溯项目单位，后来又以高分通过了农业部农产品可追溯项目专家组的验收。现在，八马茶业的大包装产品已全部实现了质量可追溯，小包装正在逐年推行。全部推行后，消费者只要凭茶叶包装袋上的农产品质量追溯标志码，登录国家农产品质量安全网，就可以得知该茶叶产品的生产年份、产地、茶园地点、农事记录等信息，真正做到产品质量安全“有迹可循”。

2009年安溪政府带团参加厦门98贸洽会·安宣 供图

安溪拥有全国产茶县中最完备的茶业机构，包括茶管委、农茶局、茶业总公司、茶科所、茶业职业技术学校、茶叶协会、茶检中心，等等，形成了政府宏观管理、部门服务和社团协助结合的完善管理服务体系。

每年，安溪都会召开千人茶业工作会。彼时安溪政府会与县直机关、各乡镇、茶叶主产村、上规模的茶叶企业、各个涉茶管理部门等聚在一起，共同制定安溪一年的茶业发展战略。

安溪政府一直用来自藤铁工艺、建材冶炼等工业上的收入来反哺茶业，通过“财政转移”、“减免税收”、“贷款及担保”等优惠政策，对茶产业少取多予，有效地实现了“茶业富民”。近两年，安溪政府还举办“政银企洽谈会”，发动龙头茶企为茶农的“茶园抵押贷款”作担保。仅在2008年，安溪县金融机构就发放了由安溪铁观音集团担保的2000万元农户贷款和八马茶业担保的3000万元农户贷款。

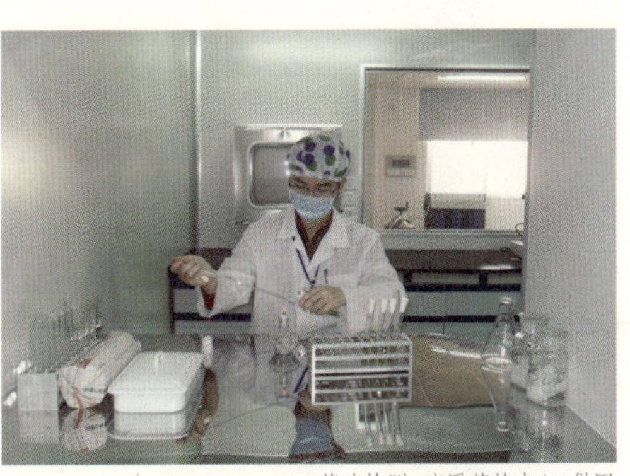

茶叶检测·安溪茶检中心 供图

安溪茶产业的科技含量也越来越高。福建安溪茶叶生物科技有限公司是泉州市高新技术企业，集茶叶生物研究、生产、销售为一体，选取无污染、非转基因的茶叶等原辅材料作为生产基料，生产的茶叶γ-氨基丁酸填补了国内的空白，是国内外众多医药、保健、功能食品生产商制造预防心脑血管、中老年痴呆症、抑郁症等疾病，稳定血压的功能性产品的理想原料。

安溪还参与制定安溪铁观音、安溪乌龙茶等国家标准。1988年，安溪参与《乌龙茶标准综合体》的制标工作。1990年7月，福建省标准计量局发布《乌龙茶标准综合体》为福建省地方标准，这是国内第一个乌龙茶配套标准；1998年，安溪被列为全国高产优质高效农业标准化示范区一类项目，安溪政府制定了《安溪乌龙茶标准综合体》、《安溪乌龙茶》、《安溪铁观音》等系列标准；2004年安溪铁观音获原产地域保护之后，安溪县制定了《原产地域产品　安溪铁观音》国家标准并积极加以推广。

安溪茶业龙头企业在保证茶叶质量、保护安溪铁观音集体品牌的同时，也在推广铁观音茶文化上作出了许多努力。魏荫名茶创办铁观音文化园、三和茶业建造茶文化艺术博物馆，安溪铁观音集团、八马、华祥苑、中闽魏氏、感德龙馨等企业则积极筹建集基地生产、集中加工、文化传播、旅游观光、品牌营销、形象展示为一体的茶叶庄园。

安溪茶产业是中国茶产业中产业化程度最高的一个，集茶叶生产、加工、销售、机械、包装、印刷、交通物流为一体。上世纪80年代受台湾茶叶机械的启示，安溪就开始尝试生产茶机，到现在，安溪一些茶机的精密度、实用效果已超过台湾，多次获得国家专利，已输出到台湾等地。安溪成规模的茶机生产企业已有30家，年产值4个亿；90年代后期，受台湾茶叶包装的启示，安溪人又发明了乌龙茶真空包装和7克泡标准袋装，现在“中国茶都”有茶叶包装一条街，年产值也有2个亿；安溪还有专门的物流运输公司，每天都有8条专线直达全国各个茶叶主销区；安溪茶业还带动了餐饮旅馆、茶叶食品、茶文化旅游及房地产等行业的发展，形成了“一业带百业”的良好局面。每年春、秋两个茶季是安溪餐饮旅馆业的旺季，住不下的茶商、旅游者甚至住到了邻近的南安县。

到今天，茶业已成为安溪最大的民生产业，所以，安溪人选择的是一条不能回头的路，安溪政府因此始终保持着忧患意识，带领茶农茶商积极应对市场变化。对于未来，安溪茶农、茶商、茶官无不是信心十足。陈水潮说只要继续提高茶叶品质，保持茶产业的健康、持续发展，不管遇到什么问题，安溪政府、茶农、茶商都会积极想办法解决。

现在，安溪茶产业已逐步实现由家庭小作坊向社会化分工转变，由单一种植业向多元经营转变，由数量产值型向质量效益型转变。如一泡苦尽甘来的铁观音茶，安溪茶产业渐入佳境。

"太平盛世品观音"，安溪人摆脱了贫困之后，开始学习享受生活，泡功夫茶就是安溪人享受生活的一种方式。

古人饮茶有诸多讲究，包括品茶环境、茶席摆设、茶具、用水甚至饮茶时间等等。清乾隆年间，在朝为官的安溪人官献瑶于大雪纷飞之夜取雪水，起炉火泡饮家乡寄来的茶叶，留下了《雪水烹茶》诗："雪水胜如活水烹，未须着口已心清。"今天，山泉水难得，江水不净，取雪水泡茶的诗意我们也只能想象，但井水、矿泉水也是泡茶很好的选择。我们还可以将自来水贮存在盆中一两天或者煮沸持续片刻，等水中的氯离子逸散后再拿来泡茶，也能泡出色香味俱佳的安溪铁观音来。

泡铁观音功夫茶，早年流行一套小巧精致的茶具，称为"烹茶四宝"，即：潮汕炉——广东潮汕出产的炭炉，玉书碨——扁形赭褐色烧水瓷壶，孟臣罐——宜兴紫砂茶壶，若琛瓯——江西景德镇产的小瓷杯。现在安溪人泡铁观音茶，普遍使用邻近德化县所产的白瓷茶具。有趣的是，德化瓷也以观音闻名，不过是白瓷观音。陶瓷跟茶叶一样都是有生命的，瓷土也会呼吸，所以泡茶之先要温杯，冲泡时要轻取轻放，用后还要洗净晾干。

功夫茶有"简古纯美"之称，一套泡饮程序张弛有度、动静结合，正体现中国人"从心所欲不逾矩"的中庸哲学。安溪茶艺师唐瑜燕认为，茶中有人心，铁观音功夫茶的冲泡程序也是一个综合审美的过程，除了眼、手的参与，更要融入心，在高俯低冲、细斟慢品之际，才能净化心灵，摒弃杂念，获得一种不掺杂任何功利的纯粹愉悦。

明代·文征明《品茶图》

安溪功夫茶泡法重香、重甘、重纯。安溪人日常冲泡铁观音，步骤包括：(1)温杯：用开水冲洗盖瓯；(2)置茶：将茶叶投入盖瓯；(3)冲水：高提水壶，将开水注入盖瓯，使茶叶在盖瓯中旋转；(4)刮沫：用盖瓯的杯盖刮去浮在茶叶表面的泡沫；(5)洗茶：十几秒钟后将第一次泡出的茶水倒入茶海，清洗茶杯；(6)闻香：重新注入开水泡1—2分钟后，提起盖瓯的杯盖闻茶香；(7)巡茶：将盖瓯中的茶汤依次分到各个茶杯中；(8)品茶：边啜边嗅、细品茶汤。

清香型铁观音一般储存在-15℃的冰箱里，拿出来倒入盖瓯后，摇晃几下再高冲注水，使茶叶在盖瓯中旋转，可以使长久冷藏的茶叶苏醒过来，这一过程于是叫“醒茶”。

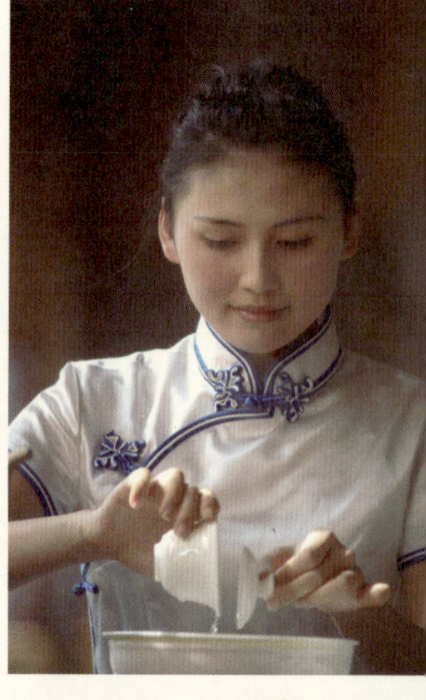

从上到下、从左到右依次为：冲水、温杯、置茶、冲水、洗茶、洗茶、冲水、闻香、巡茶、品茶

安溪人喝铁观音，习惯从清香型到浓香型，再到陈年铁观音，茶味由浅入深。最后，陈年铁观音的茶味浓极而淡，十几二十泡后，茶味似有若无，如此渐入佳境，一如人生。

施世筑

上世纪90年代初才开始喝茶的香港茶人协会会长施世筑，被安溪人称为"茶痴"。之前只喝白开水的施世筑，从喜欢紫砂壶开始喜欢茶。在遍尝了各种茶叶后，施世筑第一次接触安溪铁观音，就为其魅力所倾倒。据他的形容，铁观音就像初恋情人，永远也忘不了。因为喜欢安溪铁观音，施世筑早在1993年就去了安溪西坪、祥华等地，跟一大帮茶农、茶商都交上了朋友。到现在，施世筑已经养成了每天吃饭前必喝铁观音的习惯，说起安溪铁观音，他总是如数家珍。

施世筑认为铁观音兼具香气、滋味和韵味，其他茶叶则只注重某一点，不如铁观音这么丰富。会品铁观音，其他茶的味道就一通百通了。而安溪铁观音最大的个性——观音韵，要调动身心五感、专注一心才能体会。为了随时能喝到好茶，施世筑总是随身带着一套茶具和一只烧水的用具。他不推荐使用电磁炉，认为电磁炉通过分子方法烧水，时间快但烧出来的水并不好；他也只用PH值在7—7.5之间的水泡茶，不含矿物质的纯净水和蒸馏水坚决不用。同许多老茶人一样，施世筑偏好传统浓香型铁观音，认为浓香型可以悠然细品。虽然已经喝了二十年的茶，施世筑的品茶心得却只有六个字——随意、自在、当下，但已深得安溪铁观音茶道之精髓。

新时期安溪茶产业发展大事记

1974年，安溪被列入全国100个年产茶叶5万担基地县。

1978年，十一届三中全会后，安溪县落实茶叶生产联产承包责任制，提出“一手抓千斤粮，一手抓万宝山”，把发展茶叶生产列入重要议事日程。

1980年8月，安溪成立县茶叶科学研究所，主要从事乌龙茶产制技术的研究。

1985年4月，时任安溪县长陈应辉带队赴日本考察乌龙茶市场。

1985年，全国茶叶经营体制改革，全面放开经营后，县内茶叶加工厂逐年增加，到1990年，全县有茶叶加工厂280家，其中国营茶厂9家，集体茶厂161家，个体茶厂110家。是年，茶叶流通体制改革，实行多渠道、多口岸出口，改变了之前只限于国营渠道和厦门口岸出口的状况，一些茶厂的茶叶开始通过泉州、福州、广州、汕头、深圳等茶叶进出口公司出口。

1993年，安溪政府第一次走出县界，到“泉州酒店”举办茶王赛。

1995年，安溪政府第一次走出市界，到厦门举办茶事活动。

1996年，安溪政府第一次走出省界，到广州“中国大酒店”举办茶事活动。

1999年6月，安溪政府在北京钓鱼台国宾馆举办了“99安溪(北京)茶王邀请赛暨产品展销会”。这次活动产生了巨大的后期效益，为安溪茶商打开北方市场创造了条件。

1999年11月，安溪政府到香港举办“99安溪(香港)铁观音茶王邀请赛暨产品展销会”。

2000年12月，安溪政府到澳门举办“2000年澳门·安溪西坪铁观音茶王品评会”。是年，“安溪铁观音”证明商标在国家工商总局注册，“中国茶都”——安溪全国茶叶批发市场落成开业。

2001年12月，安溪政府在安溪举办“中国海峡两岸茶文化交流会”茶王赛。是年，农业部授予安溪“全国首批无公害茶叶生产示范县”。

2002年，安溪与联合国粮农组织在安溪联合举办首届“中华茶产业国际合作高峰会”。是年12月，“中国茶都”被认定为“农业部定点市场”。

2003年2月，安溪政府在安溪举办“安溪县第二届乌龙茶审评暨拼配技术大赛”。是年，安溪与联合国粮农组织合作举办第二届“中华茶产业国际合作高峰会”。

2004年，“安溪铁观音”获得国家质检总局认定的“原产地域产品保护（地理标志产品保护）”。

2005年，“安溪铁观音”证明商标被国家工商总局认定为“中国驰名商标”，是全国茶界第一枚涉茶中国驰名商标。是年，安溪铁观音作为中国唯一代表应邀参加世界知识产权组织在意大利帕尔玛举办的“全球地理标志保护

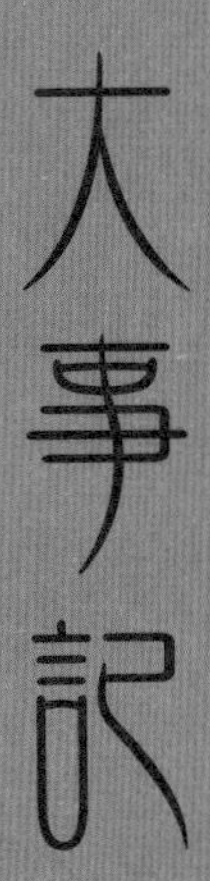

研讨会”和在北京举办的“战略性利用商标促进经济暨农村发展国际研讨会”。

2005年，由安溪政府带队，涉茶单位、媒体记者组成的考察交流采风团，开始“安溪铁观音神州行”活动。在对茶叶主销城市进行考察的同时，进行一系列的宣传活动，以展示安溪铁观音的品牌形象，进一步提升安溪铁观音的市场占有率。活动先后去了中国南部、北部、中部、东北和西部的十几个城市。2005年6月开始“南线行”，到了汕头、广州、深圳、长沙；2005年11月开始“北线行”，到了北京、济南、西安；2006年11月开始“中线行”，到了成都、武汉、上海；2007年6月开始“东北行”，到了沈阳、长春、哈尔滨；2007年10月开始“西部行”，到了兰州、乌鲁木齐、昆明。

2006年，“安溪铁观音”被评为“外商最熟悉和最喜欢的中国品牌”第三名。同一年，国家检验检疫总局安溪茶叶质量检测中心、国家质量技术监督局安溪茶叶检测中心两个茶检中心在安溪建成，检验能力覆盖红茶、绿茶、青茶、黄茶、白茶、黑茶六大茶类，处于国内同类检验机构的领先水平，安溪成为全国上百个茶叶基地县唯一拥有国字号茶检中心的产茶县。

2008年，“安溪铁观音传统制作技艺”被列入“国家级非物质文化遗产代表作名录”，并代表中国乌龙茶制作技艺向联合国教科文组织申报“人类非物质文化遗产代表作”。

2009年，安溪铁观音荣获福建省改革开放30年最具影响力、最具贡献力品牌和中国消费者最喜爱的绿色商标，被列为影响世界力量品牌500强。

2009年8月，安溪政府组成“安溪铁观音神州行·香江行”考察交流采风团，参加首届“香港国际茶展”，向世界展示新世纪安溪茶业的崭新形象。八马茶业、安溪铁观音集团、感德龙馨茶业、日春股份有限公司、华祥苑五家参展企业与来自香港、美国、欧盟、非洲及中东地区的买家，签订了220万美元的茶叶购销协议，满载而归。

2009年9月，在商务部主办、当前全球最大的国际投资促进活动之一的厦门国际投资贸易洽谈会（简称“厦门98贸洽会”）上，安溪共签约5个项目，总投资达1.19亿美元。

2009年11月，安溪政府在福州举办“观音铁韵·情满海西”茶文化活动。

截至2009年，安溪以占全国1/50的茶园面积，产出占全国1/25的茶叶，创造出占全国1/15的涉茶总产值。同时年出口茶叶1.3万吨，占全国茶叶出口量的1/20，占全国乌龙茶出口量的70%，涉茶行业从业人员30多万，受益人口85万。安溪铁观音的经营已规模化，除了西藏的县级城市，全国其他县级城市都有安溪人开的铁观音茶叶店。

截至目前，安溪茶企业共获得中国驰名商标5件，中国名牌农产品1件，福建省著名商标8件。拥有泉州市知名商标的安溪茶企业有17家，获准无公害食品认证的5家，获准绿色食品标志使用权的10家，获准有机茶标志使用权的8家，获ISO9000质量认证36家、HACCP认证2家，地理标志产品保护55家，安溪铁观音证明商标准用企业198家，QS认证216家，7家茶企业入选全国百强茶业企业，全县茶叶标准执行覆盖率为100%，近三年质量抽检合格率为96%。

参考文献

1. 林有年主撰，明嘉靖版《安溪县志》，国际华文出版社，2002年
2. 庄成主修，清乾隆丁丑版《安溪县志》，厦门大学出版社，1988年
3. 安溪县地方志编纂委员会编，《安溪县志》，新华出版社，1994年
4. 2006－2010年《安溪乡讯》
5. 李宗垣、凌文斌编著，《安溪铁观音制作与品评》，海潮摄影艺术出版社，2006年
6. 王铭铭著，《溪村家族》，贵州人民出版社，2004年
7. 大坪乡萍州村张氏族人编，《张读史绩颂》，2006年
8. 福建省安溪县清水祖师文化研究编委会编，《清水祖师文化研究》，2009年
9. 安溪清水岩志编纂委员会编著，《清水岩志》，泉州市文物管理委员会出版，1989年

作者簡介

李玉祥：著名摄影师、“中国民间文化遗产抢救工程”专家委员会委员，曾获冯骥才民间文化基金会和中国民间文艺家协会共同颁发的“中国民间文化守望者奖”。策划出版的图书包括江苏美术出版社“老房子”系列，北京三联书店“乡土中国”系列、《福建土楼》等。

海帆：作家、广东花城出版社《随笔》杂志编辑部主任，著有《印度诱惑》，与李玉祥合著《康巴——拉萨人眼中的荒凉边地》。

谢文哲：作家，当过教师、记者、机关公务员，现供职于宣传部门，负责一家侨刊乡讯社。80年代开始习文，初为诗歌、散文再而随笔、评论，对戏曲、茶文化研究情有独钟，并有大量新闻作品问世，曾出版《门里门外》等若干文集。

南京瀚清堂设计有限公司：2000年成立，作品多次入围各项国际国内赛事。2007年《多余的画》、《文化与建筑》两本书获称“中国最美的书”；2008年《随园食单》获称“中国最美的书”；2009年《恋人版中英词典》、《奇器图说》获称“中国最美的书”。

茶是中国人的重要精神样本和文化载体，随着中国进一步融入世界，最具中华文化个性的中国茶走向世界成为必然。

作为中国十大名茶之一，安溪铁观音近十几年来市场表现不俗，一直引领着中国茶产业发展的风潮，曾两度作为中国的唯一代表参加"全球地理标志保护研讨会"，2009年更被选为上海世博会十大名茶之首。安溪铁观音迅速崛起，蓬勃发展的背后必有一股强大的力量在推动，这是很多人感到好奇并希望了解的。作为出版方，我们希望通过自身的努力，揭示造就安溪铁观音传奇的渊源及各种力量，这对于广大铁观音爱好者及对茶产业发展有兴趣的读者都是一件有意义的事。我们的这一想法与主政安溪县的李建辉先生、陈灿辉先生不谋而合，他们多年来致力于向世人推广安溪铁观音，让更多的人有机会接触和了解这一神奇的植物。

编辑出版本书的过程中，我们的文字作者、摄影师几次前往安溪，遍览一处处故居祖祠、老厝古庙，在几朝县志、博物馆、档案馆中寻找蛛丝马迹，又从民俗专家、历史学家、考古工作者、文化工作者、茶商后代、老茶人口中听到了许多鲜活的故事。安溪铁观音渊源深厚，她裹挟着天地菁华款款而来，安然敷座，虽不发一言，你却已在她遍体的奇香中领悟了一切的奥秘——关于岁月的磨砺与沉淀、历史的荒诞与神圣，还有个体生命的渺小与伟大。

而茶也早已融入了安溪人的生活之中，被安溪人内化于心以至无形无迹。安溪铁观音的文化，就在安溪一幢幢历经风雨却美丽依旧的土楼大厝里、在传唱至今的一曲曲茶歌茶谚里、在安溪人敬天敬地敬祖先的虔诚信仰里、在安溪丰富多彩的民俗里，也在安溪人为人处世的原则里。在湖头李光地故居的村子采访时，一位素昧平生、只会讲闽南话的老阿婆坚持要留我们吃饭并住到她家里，这样殷切的人情令漠然于都市风景的我们不知所措。但在安溪，在中国广袤的乡村，这其实并不少见。山上的茶树、世居的老屋和虔敬的信仰给予了安溪人许多都市人苦寻不着的安全感。他们不急不躁，生活简简单单，所以能制出滋养生命的好茶，能品出茶中蕴含的千般滋味。安溪铁观音是世代安溪人执着一生的功课，也是他们命运构成的主体，过去是、现在是，未来也一定是。我们的工作虽然只掘取了安溪茶文化富饶宝藏的一角，却已是丰硕喜人。在打开一扇了解安溪、认识安溪铁观音的窗口的同时，本书开创了茶书写作出版的新模式，也填补了中国此类茶书创作出版的空白。

本书的出版是集体合作的成果，凝聚着许多人的心血。我们要感谢多年来一直给予我们支持的老朋友，熟悉并关心安溪的三位著名学者朱幼棣先生、龚鹏程先生、王铭铭先生，于百忙之中为本书赐序，锦上添花；感谢我们的译者——新加坡的龚德伟和青岛的孙丹丹，在很短的时间内提供了高质量的译文；感谢福建农林大学郭玉琼教授、岳文杰教授，厦门茶叶进出口公司王帅先生将本书涉及的专业术语翻译成英文，并校正润色英文译稿；感谢旅居北京的洛伦索·萨兰斯 (J. Lorenzo Zarranz) 先生，审订了英文版的译文；感谢国际著名摄影家阎雷先生（法

国）及厦门、福州、泉州、安溪摄影界的诸位朋友慨然允许我们使用他们的珍贵图片；感谢著名设计师赵清先生及周伟伟先生，他们提供的高水平设计，为本书增色不少。

感谢中国图书进出口总公司的吴江江先生、朱宝元先生及台湾世界书局的阎初女士、周雪伶女士，促成繁体版的同步出版和发行；感谢国务院新闻办公室将本书列入“中国图书对外推广计划”；感谢中国出版国际公司的戴林先生促成美国Prunus出版公司英文版在美国的同步出版和发行；感谢中国出版集团八家海外子公司，中图公司在纽约、伦敦、圣地亚哥等地开设的新华书店及温哥华北京书店协助本书中英文版本的全球发行。三种版本全球同步出版发行，开中国出版之先河，对安溪及安溪铁观音来说，也是意义非凡。

最后还应特别感谢以下单位或者个人，对本书在安溪采访创作过程中给予的各种帮助与支持：

安溪县委宣传部，安溪乡讯社，安溪茶业总公司，安溪档案馆，安溪县志委，安溪文庙管委会，安溪清水岩管委会，安溪乡讯社吴清远先生、苏旭峰先生，“中国茶都”茶史馆吴小猛先生，安溪博物馆黄炯然先生，安溪人口计生局王绪强先生，安溪清水祖师文化研究会张国怀先生，安溪文化馆许素彬女士，安溪文联林筱聆女士，安溪茶艺团章宝芳女士，安溪茶艺师唐瑜燕女士，安溪茶检中心，香港茶人协会会长施世筑先生，北京安溪商会及秘书长苏建民先生，安溪茶叶协会汕头分会，感德镇尾厝村吴福气先生、吴添丁先生与吴溪生先生，感德镇龙通村，福田琪瑞茶场陈琪琳先生与李瑞谦先生，湖头镇湖一村，西坪镇南岩村，西坪镇平原村，安溪评茶师李宗垣先生，安溪农茶局蔡建明先生，金谷镇华芸茶叶合作社，大坪乡萍洲村大坪村，虎邱镇美亭村林海良先生，官桥镇赤岭村林清河先生，西坪镇黄秀宗先生，西坪镇松岩村魏双全先生与魏团火先生，西坪镇南岩村王清章先生与王联丹先生，西坪镇上尧村王旺福先生，芦田镇刘升鹏先生，虎邱镇仙景村林福生先生，感德三安茶业合作社王文安先生，台湾汉声北京办事处张静芳老师。

因篇幅所限，还有许多给我们帮助的人未能在此一一列举。

因时间和水平所限，若您发现疏漏之处，乞盼不吝赐教，以期修订版更正之。

中国出版集团世界图书出版公司
2010年4月10日

图书在版编目(CIP)数据

安溪铁观音 / 李玉祥,海帆著.
—北京：世界图书出版公司北京公司，2010

ISBN 978-7-5100-2073-5
Ⅰ.①安… Ⅱ.①李… ②海… Ⅲ.①安溪县－概况 ②茶－文化－安溪县
Ⅳ.①K925.74 ②TS971

中国版本图书馆CIP数据核字（2010）第058338号

安溪铁观音——一棵伟大植物的传奇

总 策 划：李建辉 陈灿辉 张跃明　副总策划：陈水潮 刘锦川　主　编：谢文哲
副 主 编：郑植阳 刘青洲 吴兴元　文字撰写：海　帆 谢文哲 罗炎秀
图片统筹：李玉祥　出版统筹：吴兴元　特约编辑：李玉祥　责任编辑：罗炎秀 云　逸
营销推广：ONEBOOK　书籍设计：瀚清堂　装帧制造：墨白空间

出　　版：世界图书出版公司北京公司
出 版 人：张跃明
发　　行：世界图书出版公司北京公司（北京朝内大街137号 邮编 100010）
销　　售：各地新华书店
印　　刷：北京盛兰兄弟印刷装订有限公司（北京市大兴区黄村镇西芦城 邮编 102612）

开　　本：175×255 毫米 1/16
印　　张：15 插页 3
字　　数：530千
版　　次：2010年5月第1版
印　　次：2010年5月第1次印刷

读者服务：teacher@hinabook.com　139-1140-1220
投稿邮箱：onebook@263.net
营销咨询：133-6657-3072 010-8161-6534
编辑咨询：133-6631-2326

ISBN 978-7-5100-2073-5/Z·293　定价：80.00元